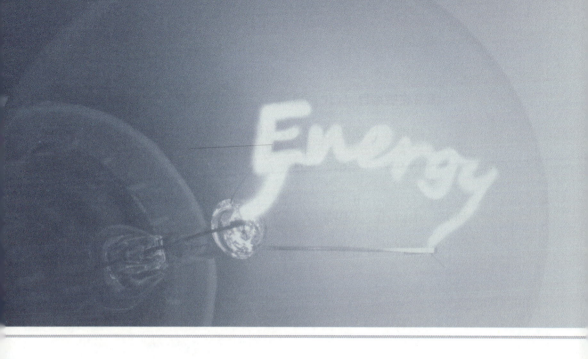

Regional Energy Planning
Theory and Practical Application

区域能源规划理论与实践应用

区域能源规划研究课题组　编著

苏州大学出版社
Soochow University Press

图书在版编目（CIP）数据

区域能源规划理论与实践应用／区域能源规划研究课题组编著.—苏州：苏州大学出版社，2022.9
ISBN 978-7-5672-4037-7

Ⅰ.①区… Ⅱ.①区… Ⅲ.①能源规划—区域规划—研究—中国 Ⅳ.①F426.2

中国版本图书馆CIP数据核字（2022）第144723号

区域能源规划理论与实践应用
QUYU NENGYUAN GUIHUA LILUN YU SHIJIAN YINGYONG
区域能源规划研究课题组　编著
责任编辑　杨　柳
助理编辑　杨　冉

苏州大学出版社出版发行
（地址：苏州市十梓街1号　邮编：215006）
苏州市深广印刷有限公司印装
（地址：苏州市高新区浒关工业园青花路6号2号厂房　邮编：215151）

开本 700 mm×1 000 mm　1/16　印张 13　字数 174 千
2022年9月第1版　2022年9月第1次印刷
ISBN 978-7-5672-4037-7　定价：65.00元

若有印装错误，本社负责调换
苏州大学出版社营销部　电话：0512-67481020
苏州大学出版社网址　http://www.sudapress.com
苏州大学出版社邮箱　sdcbs@suda.edu.cn

《区域能源规划理论与实践应用》
编委会

主　任：李伟阳
成　员：陆惠斌　郭　磊　奚巍民
　　　　孙　强　金　颋　陈　辉
　　　　王晓东

编写组

组　长：奚巍民
副组长：孙　强　朱婵霞
成　员：周佳伟　孙志凰　陈杰军
　　　　陈　倩　潘杭萍　朱星阳
　　　　冯蒙霜　徐海华　韩　超
　　　　蔡　晖　苏慧玲　朱　君
　　　　吴　强　黄　河　高　松

前 言

现有的城市发展从宏观战略到规划实施层面，都强调推动能源规划并建设清洁低碳、安全高效的现代能源体系。在我国城镇化的发展过程中，逐渐涌现出了如特色小镇、经济技术开发区、高新技术产业开发区、产业园等各类新兴的经济体和区域管理单元。这些具有相对独立而完整的行政组织机构，与原有的城区、县城共同组成了我国行政管理层级中更加有效的管理组合，相对省级、地市级来说管辖范围也更加聚焦。作为城市治理体系的重要组成部分，这些城市区域也是塑造特色文化、打造差异化经济产业、增强城市发展活力和潜力的有机载体，其能源的发展如果能与城市发展更加有机融合，可进一步促进城市的人口、土地、基础设施、产业及其所涉及的生产工艺、人们的用能习惯等更加合理化。

在经济高质量发展和城市更新发展的新阶段，必须要展现新发展理念，构建新发展格局。在"双碳"目标背景下围绕城市不同区域的自身发展，编制对应层级的能源规划，加强顶层设计，可以更加合理有序地协调其管辖区域内的各能源品种，推动如太阳能、风能、新型储能、新能源汽车、能源大数据、绿色建筑、综合能源服务等能源新技术、新业态、新模式在更具落地性的城市管理单元中进行综合实践应用，推动城市产业用能方式的升级、生活用能习惯的转变，使区域发展获得更高的社会经济价值和生态环境价值，从而进一步促进城市的高质量发展。

本书主要以特色小镇、经济技术开发区、高新技术产业开发区、产业园、城区、县城等城市区域情况为研究对象，围绕辖区内经济产业结构、能源使用品种、资源禀赋特点、需求总体特征采用系统分析方法将能源的生产、传输、消费作为整体进行统筹考虑，以安全保障为底线进行"开源""增效""减碳"，从而更优化、更高效地满足辖区内能源需求，降低碳排放，进一步促进城市高质量发展。

在城市不断发展的新形势下，城市治理需要不断精细化和精准化。能源规划作为城市不同发展时期不可缺少的关键纽带，其前期的理论方法的研究和过程中的实践应用都非常重要。作为研究城市能源的团队，多年来对接了城市内不同层级区域对能源规划的实际需求，并经过多个案例的实际操练，有了一定的经验总结，从而编写了此书。

本书以区域能源规划理论研究和实践应用为出发点，主要包括以下几方面内容。

绪论部分阐述了区域能源规划的背景及意义，明确了这项工作是城市在高速增长阶段转向高质量发展阶段中产生的实际需求，并分析了区域能源规划与城市整体发展、城市空间发展、城市产业发展之间的耦合关系，阐明了区域能源规划涉及面广、专业性强、影响范围大等重要特点。

第一部分介绍了区域能源规划的思路和方法，重点研究了

区域能源规划原则，构建了区域能源规划关键指标体系，提出了区域工业、建筑、交通负荷需求预测精细化分析方法，梳理了区域常规能源资源、可再生能源资源、余热余能资源等的开发潜力测算方法和利用方式，建立了以经济成本和碳排放量最优的区域能源配置模型，并给出了模型的求解算法。

第二部分主要基于本书第一部分提出的能源规划思路与方法，分别选取区县、园区、特色小镇、综合型大学（高校）四个典型场景进行能源系统规划实践。

由于时间仓促，书中难免存在不足之处，敬请广大读者批评指正。

目 录

绪论　区域能源规划的背景及意义　/ 1

第一部分　区域能源规划理论　/ 13

　第一章　区域能源规划概述　/ 13

　第二章　区域能源规划评价体系　/ 24

　第三章　区域能源规划需求预测分析理论及方法　/ 42

　第四章　区域能源规划资源禀赋分析理论及方法　/ 61

　第五章　区域能源规划系统分析理论及方法　/ 90

第二部分　区域能源规划实践　/ 125

　第六章　区县能源规划案例　/ 125

　第七章　园区能源规划案例　/ 146

　第八章　特色小镇能源规划案例　/ 160

　第九章　高校校园能源规划案例　/ 177

绪论　区域能源规划的背景及意义

自1978年改革开放以来，我国GDP（国内生产总值）每年以近10%的平均速度增长[1]，我国经济发展经历了加速发展的阶段，生产潜力不断得到释放，生产要素得到有效利用，经济规模也变得越来越大。与此同时，社会经济增长表现出了较为粗放的发展方式，经济发展较大程度上靠能源驱动，特别与化石能源有着强耦合关系，能源、资源、环境等对经济发展方式的约束性越来越强。党的十九大根据发展阶段和社会主要矛盾的变化，经过充分论证，明确提出我国经济已由高速增长阶段转向高质量发展阶段。同时，气候变化已经对全球生态系统和人类社会产生了广泛的影响，极端天气和自然灾害频繁出现，气候变化已成为世界各国共同面临的重大挑战。

我国是全球最大的发展中国家，处在工业化和城镇化快速发展的阶段，经济增长快，用能需求大，以煤为主的能源体系和高碳的产业结构，使我国碳排放总量和强度呈现"双高"的特点。2020年9月22日，习近平主席在第七十五届联合国大会一般性辩论上宣布了中国将提高国家自主贡献力度，采取更加有力的政策和措施，二氧化碳排放量力争于2030年前达到峰值，努力争取2060年前实现碳中和。碳达峰、碳中和目标对我国的绿色发展、科技创新及大国责任提出了新的时代要求,也提供了新的发展机遇。我国能源燃烧占全国全部碳排放的88%左右[2],因此需要控制化石能源消费,提高利用效能。能源规划可以从顶层设计层面推动能源结构的清洁化、绿色化,提供与经济发展水平相适应的能源发展路径参考,促进产业结构调整,淘汰高耗能产业,有效平衡经济效益、社会效益和环境效益的生态连接,对于统筹经济、能源、环境之间的关系具有重要的推动作用。

在我国城镇化的发展过程中,社会经济发展导致城市的组成部分逐渐改变和不断重构,城市区域内出现了各种不同的组团形式和各层级的新经济产业发展中心。某些区域形成了多中心、多组团的城市形态,也产生了更多层次的治理体系。各种特色小镇、经济技术开发区、高新技术产业开发区、产业园、城区、县城等区域作为城市的不同层级组成形态,正在成为我国城市行政体制架构中重要的组成部分,一方面具有相对独立而完整的行政体或经济体,另一方面从管辖范围来说相对省级、地市级更加聚焦[3]。能源规划的制定、实施和城市的行政区划有着密切的联系,城市的整体规划和管理架构是能源规划的前提和基础,影响着能源基础设施的布局和实施。国家、省、地级市会从各自的层面出发,有计划地编制各自的能源规划。在目前城镇化比例逐渐提高的趋势下,各种特色小镇、经济技术开发区、高新技术产业开发区、产业园、城区、县城等区域这一实施性、落地性更强的层级,也需要考虑其对应的能源规划,从而更有序地协调其辖区内的各能源品种,保障经济社会发展,驱动城市高质量发展。

各种特色小镇、经济技术开发区、高新技术产业开发区、产业园、城区、县城等区域相比城市、省、国家而言,体量相

对较小，但也具有品种丰富的能源利用形态、潜力巨大的节能规模和领域众多的能源管理门类，同时也具有各自独特的资源禀赋、经济发展水平、产业结构和用能需求特征。在这些层级，各种能源品种间也存在不同程度的体制壁垒、技术壁垒和信息壁垒，相互之间打通需要通过政策、市场、技术等组合拳，以此来加强资源共享与交流协作。能源的交互融合在"双碳"目标下显得更加迫切，通过整合各种资源，在能源的生产、传输、存储和用户消费等各环节因地制宜地进行耦合集成，来实现多品质能源的阶梯利用和相互补充，提高能源利用效率，降低用能成本、提升能源服务品质、减少污染排放，进而提高区域能源基础设施的整体生态友好性。

在区域综合能源规划理论与实践应用的编写中，主要聚焦上述提到的城市发展过程中各种新能源小镇、经济技术开发区、高新技术产业开发区、产业园、城区、县城等区域形态，并通过规划的宏观（全社会角度）、中观（能源角度）和微观（执行角度）层面来体现综合性。第一，在"双碳"目标下，区域能源规划需要在宏观层面考虑能源与城市的基础设施、产业结构、功能形态、生态环境、管理能力、文化理念等各个领域和层面的深度结合，"综合"考虑能源与社会各个生产生活等功能形态之间的关联性；第二，区域能源规划要能在充分利用本地可再生能源资源的基础上，掌握各种常规能源的稳定特性，"综合"利用好各种能源品种的特点特征，有效耦合不同能源间的互补性，实现能源的梯级利用，发挥出最优的功能，构建好能源多元安全保障体系；第三，区域能源规划要能推动形成节能型的生产生活方式和消费模式，"综合"运用好技术、政策、配套制度的组合拳，更好地推行先进的能效标准和

节能制度,将节能减排贯穿于区域的发展过程中,将能源规划延伸至国土空间的规划上,使区域发展获得更高的社会、经济价值和生态环境价值。

从区域综合能源规划的协同方面来看,能源的发展取决于一个区域的整体发展情况和社会经济基础条件,其布局和实施受这个区域的整体空间规划约束,也在一定程度上重塑着城市的外观形象。在新发展阶段,快速城镇化和城市更新正在并行发展,能源基础设施与城市公共空间之间如何创新结合、如何塑造特色风貌、如何进一步完善功能等正在不断被赋予协调发展的新内涵。另外,能源的发展对区域的产业发展起着保障和推动作用,如何将能源与整体配套进行更好地融合,更完美匹配用户的实际需求,使区域需要发展的产业"招得进、留得住、经得起"市场的考验,这同样也是打造良好的能源基础设施不可缺少的关键环节。综合能源规划可考虑能源资源、技术和政策的优化组合运用,为区域产业的发展出谋划策、量身定制,实现区域能源管理和产业发展的双赢。以下将从区域整体高质量发展、区域空间规划和区域产业发展三个方面进一步阐述综合能源规划的出发点和意义。

一、区域整体高质量发展离不开能源高质量发展

当前我国区域在经济发展的过程中出现了一些新情况和新问题[4],在经济实力大幅跃升的同时,经济结构性、体制性矛盾不断积累,发展不平衡、不协调、不可持续问题十分突出[5]。我国经济发展已由高速增长阶段转向高质量发展阶段,面临增长速度换挡期、结构调整阵痛期、前期刺激政策消化期"三期叠加"的复杂局面,传统"摊大饼"式的粗放发展模式

难以为继。现阶段，我国的生产函数正在发生变化，经济发展的要素条件、组合方式、配置效率也在发生改变，面临的硬约束明显增多，如温室气体排放、污染物排放等资源环境的约束越来越接近上限，碳达峰、碳中和成为我国中长期发展的重要框架。据统计，2020年我国二氧化碳排放总量约110亿t[6]，能源行业碳排放总量约92亿t，分别占二氧化碳排放和温室气体排放量的87%和73%，能源行业是我国实现碳达峰、碳中和目标的主战场。能源问题使得能源规划在我国具有重要的实际意义。

我国的资源分布和能源消费具有明显的地区性差异[7]，在经济迅速发展的过程中，各地区之间及内部的社会各方面发展水平都有不同程度的梯度差距，如江苏地区靠近江、海，气候条件好，地理位置优越，经济发展水平高，但本地能源产量很少，大多要靠区域外输入。同时江苏内部的南北发展差异、经济发展模式差异、产业结构差异等导致能源的生产、传输和消费在不同时期、不同区域表现出不同的发展模式和方向。在城镇化的过程中，全国各地都逐渐涌现了涵盖特色小镇、经济技术开发区、高新技术产业开发区、产业园等各类新兴的区域管理单元，与原有的城区、县城、城市共同组成了我国行政管理的组合。同时，有些经济发达城市，如京津冀、长三角、粤港澳、成渝双城等重点城市间强强联合，组成了城市群这种新生管理模式。区域是社会经济发展的多元载体，聚集了包括土地、资本、劳动力、信息、技术等各种生产要素，具有人口密度大、产业集聚性强、用能形式多样、负荷密度高等典型特征。在能源的综合性方面具体表现为以下几点：一是能源负荷密度高，具有明显的规模效益，有利于降低平均供应成本；二

是用户类型多元化，特别是按"产城融合"、资源节约型、环境友好型等新思路、新理念规划建设的区域，其负荷特性有较好的互补性，有利于降低能源设施投资；三是同时具有电、热、冷、气、煤等不同的高低品位的能源消费，为能源的综合协调供应和梯级利用创造了条件，有利于提升能效、降低成本；四是具有一定的区域面积，可借助建筑物屋顶或立面、道路、广场、地下空间和周边的自然资源，提供一定的太阳能、生物质能、环境低位热能等清洁和低边际成本的能源资源，可综合利用本地可再生能源资源，有利于降低运行成本和减少温室气体排放。

随着国家"双碳"目标的提出，新型城镇化的持续推进，各种形态特征的区域正在逐步开展各自辖区内的各项规划。能源规划作为能源基础设施建设前的关键一环，是能源基础设施的布局和实施的重要决策依据，各层级区域管理者对能源规划与其他规划之间的协同发展也提出了更高的要求，希望能提前制定符合自身可持续发展定位并能够长期有效执行的政策或方案。在特色小镇、经济技术开发区、高新技术产业开发区、产业园等区域中，不同功能的地块、建筑、生产活动等能源消费负荷对能源供应的需求各有不同，对能源的合理布局、功能形态等也都有融合区域发展的各方面具体的提升要求。有效整合区域内的各种资源，降低终端用能负荷[7][8]，以生态环保、能源效率和经济效益最大化的原则配置能源系统，实现区域内能源资源的互联互通、多源利用、多级利用、多技术集成和多策略运行，奠定区域高质量发展的基础[9]。

二、区域空间规划离不开区域综合能源规划的整体协同

传统的区域规划是以适应人口发展规模为依据，主要关注其空间形态和经济行为[10]。区域综合能源规划则更关注城市区域目前及未来人口主要功能区和聚集地对能源的需求和消耗情况，并结合区域生产生活方式的特点，可利用的本地能源、资源特点和可使用的能源技术特点进行总体谋划。在区域能源基础设施的建设过程中，由于观念、体制法规、规划重点与方法等的局限，往往造成"供应—消费—紧缺—扩大供应—刺激消费—再次紧缺—再扩大供应"的无序发展恶性循环。能源作为支撑经济社会运转的重要物质基础，面对日益严峻的环境和资源问题，能源结构的匹配、能源效率的提升、能源管理的优化在节能减排、经济效益、环境效益中起到的作用越来越大。当前各区域规划编制体系中，往往包含电力工程、燃气工程和热力工程等专项规划，但涉及区域能源综合性规划的内容不多，这表明区域规划体系中对能源发展和综合利用的意识相对淡薄，仍然是以满足能源需求为导向的理念和思路。当前存在的主要问题包括：①总体上缺乏空间规划和能源规划的有效统筹，对综合能源规划的内涵、范畴和技术路线的认知存在分歧，缺乏系统的理论分析方法和手段；②供应能源的主流方式还是基于化石能源，效率偏低，不同能源品种间耦合程度低，清洁能源利用度不高；③能源基础设施、生态环境和空间协调不够，大量空调外机、冷却塔、管线等带来显著的城市热岛效应；④投资方的背景多元化，一些有能源背景的投资方往往偏重于其擅长的能源领域，统筹多种能源的规划能力不足，导致由投资方进行主导的区域能源规划带有明显的倾向性。在经济

高质量发展和城市更新发展的新阶段，必须要展现新发展理念和构建新发展格局，让绿色成为普遍形态，协调好经济社会发展、能源资源的高效利用和生态环境保护之间的关系。

能源规划与区域的整体空间规划存在紧密联系[11]，能源基础设施的布局由区域位置、地块布局、地块性质、社会生产生活的聚集程度等相关约束条件所限定。能源规划对于城市发展有长期的结构性影响[12]，能源供给的种类和使用方式是决定城市碳排放的关键因素。传统观念中，煤、油、电、气、热等能源基础设施的布置、传输和使用往往安排在空间规划之后。随着"双碳"目标的提出，能源消费结构的优化、能源利用效率的提升、能源新技术的应用、能源系统配置的合理性往往要求空间规划在设计之初就能朝着合理、协调、节能减碳的方向发展。因此，不管是在规划前期设计层面还是在规划后期落地层面，综合能源规划与空间规划之间都存在着布局更紧凑、功能更融合、形态更协调等相互连接、相互配合、相互制约的实际需求。

区域能源规划具有一定的公共政策属性，具备强制性和法律效力[13]，相对于各种点上的示范工程或具体的节能减排技术，其更能从宏观层面发挥宏观统筹的作用，从而作为一种有效的政策工具，对区域发展具有整体降低碳排放、提升效率的指导意义。各种特色小镇、经济技术开发区、高新技术产业开发区、产业园、城区、县城等区域的空间规划在启动时就可以考虑与综合能源规划携手并进，在更合理地考虑能源供应方式、能源传输布局、能源技术路径等的基础上设计更美好的城市布局、更完善的城市功能。而综合能源规划在与空间规划的配合统筹下也要更细致地考虑区域之间宏观能源资源的调度和

平衡、区域内部微观或中观层面能源基础设施布局和容量配置的合理性。

三、区域产业发展离不开区域综合能源规划的配套保障

产业高质量发展是通过转变产业发展方式，培育和完善产业发展新动能，推动产业生产方式与生产过程绿色化。产业规划是区域内重大产业项目和投资的主要依据，与此同时，区域的产业结构决定了区域的整体用能方式和用能结构，产业用能方式也会由于能源新技术、新业态、新模式的出现而进行转变以适应更节能、更低碳的新要求。中国的高耗能行业占比仍然较大[14]，在高耗能行业所在区域进行综合能源规划，加强节能优化设计，减少化石能源的使用，对能源消费涉及的如工业、建筑、交通等重点领域具有较强的约束作用，对国家整体节能降碳具有重要的现实意义。

在各种特色小镇、经济技术开发区、高新技术产业开发区、产业园、城区、县城等区域，产业是其经济社会发展的基石，而能源是产业持续发展的重要保障，也是推动产业高质量发展的重要驱动力之一。传统的以化石能源为主的用能结构带来的环境问题和能源保障问题已成为制约发展的重要因素，迫切需要通过新的能源规划理念、新的能源规划设计来构建新的能源系统或者在已有能源系统基础上进行改进，从而统筹提升综合能效，降低传统化石能源消费和减少温室气体排放。例如，在这些城市区域内，多种能源以电为纽带，通过多联产（由化石能源生成电、热、冷、气体燃料）、热泵（由电生成热、冷）、电制气（由电生成氢气）等技术紧密关联，再通过对多种能源的源—网—荷—储的统筹综合规划，实现之前各自

独立供应所不能实现的优化供应，从而显著提升系统的安全性、经济性，降低温室气体排放。区域在定位自身产业发展时应与区域综合能源规划紧密协同，以选择"双碳"目标背景下更适合自身发展所需要的能源资源配置、容量配置、传输配置和技术路线等，同时也可在区域内适时推动如太阳能、风能、新型储能、新能源汽车、能源大数据、绿色建筑、综合能源服务等能源新技术、新业态、新模式的实践应用，推动自身产业用能方式升级、优化产业用能结构。

在"双碳"目标背景下，在特色小镇、经济技术开发区、高新技术产业开发区、产业园、城区、县城等区域都有其发展和应用的巨大空间。产业高质量发展是连接能源与产业的重要纽带，在推进区域内重点行业和重要领域绿色化改造、推动能源清洁、低碳安全、高效利用方面具有不可忽视的作用，是促进区域生产生活方式绿色转型的关键驱动因素，在能源规划与产业协调发展的同时，可作为区域全局性谋划、战略性布局重点考虑的新高地。更完善的能源规划使产业有更多的发展空间、应用空间，更合理的产业规划让综合能源规划朝着效率更高、排放更低、技术成本更优的方向发展。

在我国，城市化的推进带动了经济的繁荣发展，也带来了资源和能源供给的不足、温室气体的排放日益增长等问题。区域形态多样，经济社会发展水平也不平衡，区域综合能源规划与空间规划、产业规划的协同谋划，是"多规合一"的具象化实践，可以为特色小镇、经济技术开发区、高新技术产业开发区、产业园、城区、县城乃至城市、城市群等的空间布局更优化、资源配置更合理、管控治理更精准打下更坚实的基础，助力我国生态可持续发展，推动"双碳"目标早日实现。对

于区域之间的竞争来说，能源基础设施的完善程度和供应成本可能成为最关键的竞争优势。区域综合能源规划能够在顶层设计上有效提升区域新型基础设施的优化配置，为用能单位提供更加完善的能源供应服务，降低能源使用成本，减少我国各行业产业的产品、服务由能源产生的碳含量，帮助区域更好地应对国际大环境下碳市场、碳税等新形势和新挑战，从而提高区域发展的整体竞争力。

参考文献

[1] 陈吕军. 做好碳达峰碳中和工作，工业园区必须做出贡献［J］. 资源再生，2021（2）：15-20.

[2] 杨昆. 推动实现碳达峰、碳中和 加快构建以新能源为主体的新型电力系统［J］. 中国电业，2021（5）：8-11.

[3] 朱婵霞，奚巍民，孙强. 如何挖潜区县综合能源市场？［N］. 中国能源报，2020-06-29（3）.

[4] 习近平. 习近平谈治国理政：第三卷［M］. 北京：外文出版社，2020：269.

[5] 中共中央关于党的百年奋斗重大成就和历史经验的决议［EB/OL］.（2021-11-16）［2022-07-29］. https：//www.12371.cn/2021/11/16/ARTI1637053281483114.shtml.

[6] 李伟阳. 新型电力系统底层逻辑演进的十点思考［N］. 中国能源报，2021-10-18（4）.

[7] 赵加宁，袁野. 中国区域能源规划的研究发展历程［J］. 煤气与热力，2012，32（10）：42-46.

[8] 龙惟定，刘魁星. 城区需求侧能源规划中的几个关键问题［J］. 暖通空调，2017，47（4）：2-9.

［9］龙惟定. 城区需求侧能源规划［J］. 暖通空调，2015，45（2）：60-66.

［10］余威，Roberto Pagani. 城市能量规划研究：以节能减排为目标的欧洲城市可再生能源策略［J］. 规划师，2009，25（3）：90-94.

［11］朱婵霞. 多"规"协同是城市生态可持续的重要基础［N］. 中国能源报，2021-08-18（27）.

［12］鲍宇，华海荣，韦梓春. 低碳理念下城市区域能源规划实践［J］. 暖通空调，2019，49（5）：60-62，14.

［13］于航，黄子硕，彭震伟. 社区能源综合规划及其方法初探［J］. 暖通空调，2014，44（12）：13-16.

［14］马晓微，石秀庆，王颖慧，等. 中国产业结构变化对能源强度的影响［J］. 资源科学，2017，39（12）：2299-2309.

第一部分　区域能源规划理论

第一章　区域能源规划概述

一、规划思路

（一）区域能源规划的理论基础

随着能源对经济、社会及环境影响的加深，能源供应与消费已由一个部门性、行业性问题上升为一个全局性、综合性的战略问题。从宏观层面来看，能源规划有总体能源发展战略规划和分行业、分品种的能源发展规划，在纵向关系上又将城市能源规划分为"国家—省级—城市"三个层面。其中，国家能源规划是实施国家能源战略的阶段性行动方案，由国家发展和改革委员会组织编制管理，其规定规划期内能源发展的指导思想、基本原则、发展目标、阶段性任务、重点项目、产业布局、政策措施及其他重要事项；省级能源规划与国家能源规划相配套，由省级人民政府制定，上报国务院能源主管部门备案，并由各省市经贸委组织规划管理。城市能源规划主要是一个部门规划或某个行业规划，主要包括城市工业、交通、建筑和居民等提供电力、供热和供冷的能源发展专项规划，各类能源规划之间存在偏差与错位。

区域能源规划与建成环境直接相关，其基本理念是能源的综合、梯级与优化利用，其重要环节是对区域能源负荷进行预测，最终目标是提高能源转换效率和能源终端利用率。区域能源规划涉及能源结构、用能方式、节能指标、节能措施和污染治理等能源规划内容，对调整能源结构、协调能源供求关系、优化城市能源利用、促进城市节能减排、实现低碳城市建设目标有很重要的意义。区域能源规划侧重在所规划的区域中统筹能源生产、能源存储、能源分配、能源消费、系统配置和管网布局等全环节的规划。

建筑能源规划是指对建筑单体的节能，也称"硬节能"。已有的建筑能源规划按照定性和定量的设计要求，在建筑的全生命周期内，将建筑节能的理念贯穿到规划、设计、施工、运行维护等各个环节，包括从单种节能技术的应用逐步发展到多种节能技术的集成优化，如高效的建筑能源运行系统和管理模式，节能的生活方式等。随着建筑节能的不断发展和完善，建筑能源规划还建立起了能耗信息统计、建筑能效测评标识、大型公共建筑和可再生能源建筑应用监测体系等制度。各层面的能源规划的关系，如图1-1所示。

从构建安全、稳定、经济、清洁、高效、可持续的能源发展目标出发进行能源规划，是指针对能源分布特点、用能情况及社会经济条件，充分利用智能数字技术和现代信息技术，实现能源的优化配置、高效利用，促进经济社会的安全、可持续发展。做好能源规划对调整能源结构、协调能源供求关系、优化能源利用、促进节能减排等目标有很重要的意义。能源可持续发展规划的评价体系一般以能源总量、能源效率、能源结构、环境保护为准则层,选取的指标包含了能源消费总量、单位 GDP 能耗等指标,如图 1-2 所示。

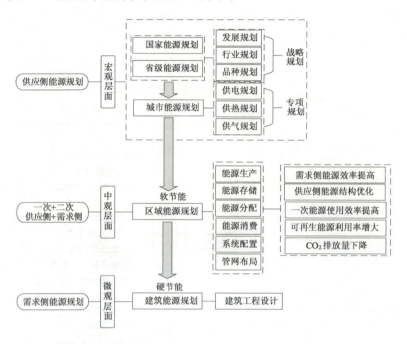

图 1-1 各层面能源规划的关系

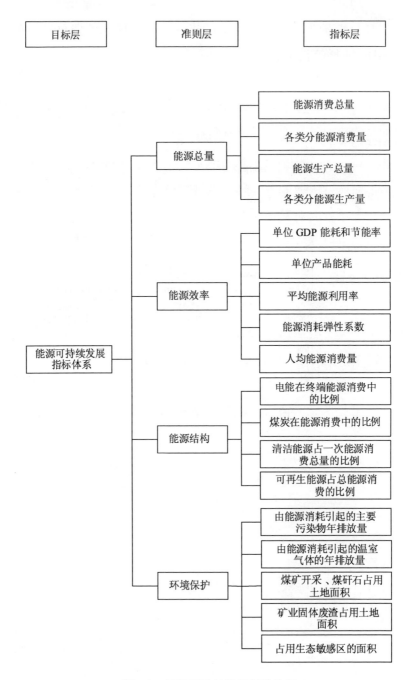

图 1-2　能源可持续发展指标体系

除了明确能源规划的目标之外，区域能源规划的另一个重要问题是明确规划的对象。由于"区域"是一个较为宽泛的概念，涵盖了不同的尺度，大至省、市、区县，小到某个园区，乃至若干楼宇组成的整体，都可以被称为"区域"。正因为"区域"在概念上具有宽泛的特点，导致针对不同对象开展的区域能源规划多具有独立性，其规划内容往往大相径庭。因此，在进行区域能源规划评价时，首先必须对规划主体进行分析，即评价的对象是谁；其次是明确评价的目标，即不同对象进行能源规划所要达到的目标是什么；再次是评价对象的主要关注点，即区域中的哪些要素应给予重点关注。本研究将综合能源规划对象定义为区域能源规划，那些与城市的某些形态结合（最典型的莫过于各种工业园区），能源供应范围在数十平方千米以内的区域能源系统是本书研究的重点。

（二）区域能源规划的系统构成

首先在需求侧，区域能源规划包含了各种能源用户对能源的需求，包括能源的种类、品位、温度、数量、功能、用能时间、用能季节、用能规律等。其次在供应侧，区域能源规划包含了各种能源资源一次化石能源、二次转换能源、可再生能源、可用的低品位能源的情况，包括品位、数量、可利用性，以及可选用的技术、系统、设备等。此外还合理规划了能源的梯级利用，包含一次能源的梯级利用转换的选择，转换输配系统的确定，多种能源的综合利用，不同品位能源的集成，所选用的技术和设备，能源中心的运行策略，与城市公共能源的关系等。最后对节能减排的效益也做了全面的分析和考量：一是对区域能源系统的能源消耗总量、排放总量分析计算，以一次能源为基准计算能源总利用率、总排放率；二是对方案总体进行技术经济分析（也可对多个方案进行比较），包含对单位能耗的投资、运行费、回收年限等进行财务分析等。

区域能源规划不再仅仅局限于能源系统优化模型的求解，而是在一定空间结构中，一定条件约束下，基于环保、经济、能效等目标，在包括"产—输—储—用—节"一系列能源环节与能源技术，以及融合信息流、能源流、价值流的区域能源互联网中寻求系统的最优供需均衡。区域能源规划的系统构成如图 1-3 所示。

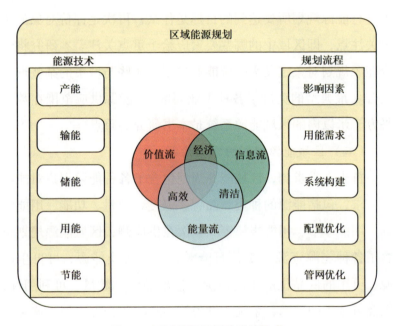

图 1-3　区域能源规划的系统构成

区域能源规划的前提是要在区域范围内对影响区域能源规划的各类因素进行综合分析、优化整合，通过用能需求、系统构建、配置优化、管网优化的规划环节来落实系统的产能、输能、储能、用能、节能过程，并通过设计能源输送网络、能源信息传输网络及能源设备物联网，实现区域能源互联网的架构。

随着世界范围内能源市场的不断发展,综合能源服务商正逐渐成为能源市场中的一个新型的利益主体。综合能源服务商是指出资建设一定区域内能源生产及供应系统,并向区域内能源用户同时供应冷、热、电、气等多种能源形式的综合能源系统的投资运营主体。欧美等国家和地区已出现了综合能源服务商的模式,并成为综合能源系统在上述国家和地区的实际发展趋势。区域能源供应商以能源站、区域电力系统与区域热力系统为区域综合能源系统主体运营。为满足用户用能需求,区域能源供应商根据上级能源网络的实时能源价格调整运营策略,控制能源站能源转换设备出力情况及大电网购电量,通过区域电力系统及区域热力系统向用户供电、供热;同时与终端用户签订协议,制定合理的价格,通过向用户出售能源获得收入。

在我国,随着国家能源革命,特别是以增量配电业务改革、电力市场建设为代表的电力体制改革措施不断推进,以区域综合能源服务商为投资运营主体向园区进行多种能源供应的模式已具备形成的条件。与此同时,一系列园区综合能源系统示范工程在各地接连落地,并逐渐进入商业运营阶段。综合能源系统的基本功能是在满足区域用户对多种能源需求的情况下,通过多能源协同优化、利用各子设备之间的耦合机制,实现多种能源的互补,并通过可再生能源的大规模接入,减少对化石能源的利用,提升总体能效水平。

区域能源规划包含:①对区域负荷预测及用能需求的分析,其中,用能需求一般分为冷、热、电三种能源形态,分别用于空调制冷、生活热水、工业用电等;②对区域所处地区太阳能、风能、地热能等可再生能源的利用潜能分析;③对能源规划系统设计、调控技术和求解优化模型的分析。

二、规划原则

区域能源规划应对系统的区域宏观运行环境等加以综合全面考虑，统筹考虑区域社会、经济、环境因素，突破传统能源系统规划思路，符合国家、区域能源发展的长远利益。在区域能源规划中，应遵循和坚持的基本原则有如下几点。

（一）可持续发展原则

区域能源规划应围绕环境保护和治理目标，逐步优化能源结构，大力引进和发展清洁能源，逐步减少并严格控制燃煤总量，将以煤为主的污染型能源结构逐步转变为以天然气、电力等优质能源为主的清洁型能源结构。优化用能结构，贯彻多元化能源战略，这不仅是减轻环境污染、实现可持续发展的需要，而且是保障能源供应安全的需要。能源结构调整不能是粗放型的，绝不是简单地进行煤炭替代；要充分考虑调整的经济合理性，并在替代时完成技术升级；既要对能源品种的结构进行调整，又要对能源利用方式的结构进行调整。比如在进行煤炭控制时，应重点使用清洁能源替代散烧原煤，而对于发电供热用煤，可以通过完善除尘、脱硫、脱氮设施来达到排放标准，这样通过调整煤炭的消费结构，以较小的成本获得更好的环保效果。在发展天然气时，也应重视燃烧效率和排放标准问题，注意用气负荷的季节平衡，开展天然气梯级有效利用，推进分布式能源系统等。能源规划中应加大对新能源和可再生能源的研究和推广力度，为能源的升级换代做好准备。

（二）因地制宜原则

因地制宜地选择能源发展模式，就是要充分考虑规划区域的特点，在能源构成和发展方面，不能盲目模仿已建成的示范城区。换言之，在一个区域的能源规划中，不仅要制定全范围的能源发展战略，还要具体研究区域内的能源构成和发展方式。同时因地制宜地选择能源利用方式，单一的能源利用方式已经不再适应社会发展的需要。首先，科技水平的提高使得能源利用方式呈现百花齐放的局面；其次，用户需求的个性化发展也需要细分能源需求市场；最后，从节能角度出发，也应采用新技术以促进能源的梯级利用。在能源利用从单一化走向多元化的时候，能源管理也应从粗放型走向集约型。

（三）平衡供需原则

平衡区域内能源供需是区域能源规划的最基本任务。在进行能源需求预测时，应与城市规划确定的城市发展目标及区域发展目标充分结合，比如经济、产业结构调整、人口、建筑总量等。根据历史统计资料，分析影响能源需求的各种因素，找出能源需求与这些因素的定量关系，从而对能源需求进行定量分析和测算。在进行能源平衡时，由于各类能源之间的相互替代是有条件的，进行能源的供需平衡不仅仅是总量上的平衡，更重要的是结构上的平衡。所以，要对能源资源的供应潜力进行评价，为区域能源规划提供能源资源的可获取量、资源的增加速度、资源的生产能力等有关信息，据此来完善能源供需平衡方案。

（四）保障能源供应安全原则

城市对能源的依赖性越强，能源供应中断带来的损害就越大，因此，能源供应安全就成为区域能源规划的重要议题。解决能源的供应安全问题，主要通过两个途径，一是建立多元化的供应渠道，二是强化能源设施建设。在规划时，既要充分发挥市场机制在资源配置中的基础性作用，又要有效发挥政府规

划和实施政策的积极引导和调控作用，充分考虑能源供应渠道的稳定性，落实能源资源的可供性，逐步建立稳定的资源供应渠道，完善稳定的多元化供应体系。在能源设施建设方面，要进一步加大能源设施的建设力度，强化能力建设，确保能源运输畅通，增强能源设施系统的抗风险能力；建立能源运行调度和预警体系，应对突发事件，以科学技术手段缓解能源风险。

在一些特定区域的能源规划中，还应因地制宜、因时制宜地遵循以下原则。

一是低碳能源、可再生能源最大化原则。可再生能源作为一种清洁、可持续利用的能源形式，是低碳园区、低碳城市等建筑能源利用的发展方向。因此，在平衡建筑能源时空动态供需时，应优先考虑可再生能源在建筑中的应用，能源需求不足的部分由常规能源供应来补充。

二是能源综合高效利用最大化原则。在进行建筑能源规划时，应合理调整能源结构和选择高效节能的能源资源利用技术，实现能源系统的高效利用和经济、环境、社会效益总体最优。

三是能源梯级利用，品质对口，实现节能效益最大化原则。能源梯级利用可以提高整个系统的能源利用效率，是节约能源的特别重要的措施。冷/热/电联产是一次能源高效利用的最有效模式之一，它可以将一次能源的总体利用效率从约35%提高到约80%。在民用建筑中，采暖空调所需的能源对于能源品质的要求并不高，因此，在能源利用时，建筑采暖空调系统应充分引入梯级利用技术，如冷冻水的低级利用或温湿度的独立控制、空调冷凝热回收等技术。

四是能源规划与市政设施规划相结合，实现基础设施功能最大化原则。基础设施工程作为保障城镇功能正常运行的"生命线"工程,是能源系统可靠运行的基础支撑,能源规划需要统筹好市政设施规划中的区域空间关系,为能源规划提供最大化的功能支撑作用。

第二章 区域能源规划评价体系

一、能源规划指标体系经验

（一）区域综合能源系统规划评价指标[1]

区域综合能源系统的评价指标是系统规划设计与调控优化的重要依据，评价指标科学合理设置可以发挥系统在多种能源技术协同协调、降低多耦合成本、提高综合能效等方面的优势。

评价指标重点由区域综合能源系统的经济评价指标、环境评价指标、能源评价指标三个方面构成。利用基于综合成本法的经济指标评价多能源配置的经济效益优化程度，利用结合气候变化指标和污染物排放指标的环境指标反映系统的环境友好程度，利用能源指标评价能源输入结构与能耗结构的合理性，如表2-1所示。

表2-1 区域综合能源系统规划评价指标

一级指标	二级指标
经济评价指标	初始投资成本
	运行维护成本
	报废成本
环境评价指标	气候变化指标
	污染物排放指标
能源评价指标	可再生能源利用
	能源梯级利用

（二）区域综合能源系统效益评价体系[2]

对区域综合能源系统的效益评价体系（表 2-2）进行研究，将区域综合能源系统的效益评价指标体系分为物理性指标和经济性指标，并进行了梳理，提出了未来区域综合能源系统建模及效益评价体系研究领域的研究重点和发展方向。

表 2-2　区域综合能源系统效益评价体系

类别	设备/环节	指标
物理性	分布式光伏、输配电网络（线路及变电站）、储能电池、充电桩	电压、电流、相位差（交流）、功率〔有功功率、无功功率（交流）〕、传输及存储损耗、充放电功率和效率
	热力管网（管线、水泵）、储热罐、热泵	温度、压力、传输及存储效率
	天然气管网（管线、变压站）、储气罐、充气站压力、流量、传输及存储效率	压力、流量、传输及存储效率
	天然气发电设备、氢燃料电池	电输出功率、耗气量、气—电转换效率
	电制氢系统	制氢产量、电解电压、电解电流、储氢容量
	电热锅炉、电采暖、热泵	耗电功率、热输出功率、电—热转换效率
	燃气供热锅炉	耗气量、热输出功率、气—热转换效率
	吸收式制冷机	输入热功率、输出冷功率、热力系数
	吸收式制冷机、冰蓄冷等	温度、制冷效率、蓄冷效率

续表

类别	设备/环节	指标
物理性	热电联产机组	耗气量、电输出功率、热输出功率、气—电转换效率、气—热转换效率等
	冷热电三联产机组	耗气量、电输出功率、热输出功率、冷输出功率、气—电转换效率、气—热转换效率
经济性	能源环节	能源转换效率系数 可再生能源渗透率 环境污染排放水平 能源经济性水平
	装置环节	设备利用率 装置故障率 投资运维成本 装置使用寿命年限
	配网环节	配网负载率水平 网络综合损耗 缓建效益能力 平均故障停电时间
	用户环节	用户端能源质量 用户舒适度 主动削峰负荷量 智能电表普及度

（三）区域综合能效评价指标体系[3]

区域综合能效评价指标体系（表2-3）包括了社会经济、环境系统、能源系统等的一级指标，且每个一级指标下设置了多个二级指标作为支撑。

表 2-3 区域综合能效评价指标体系

一级指标	二级指标
社会经济系统	人均 GDP
	第三产业增加值占总产值比例
	R&D 经费占工业产值比例
	环保投资额占财政支出比例
	工业增加值占总产值比例
环境系统	建成区绿化覆盖率
	工业废水排放达标率
	生活垃圾无害化处理率
	CO_2 排放强度
	SO_2 排放总量
	烟尘粉尘排放总量
能源系统	天然气占一次能源消费量比例
	能源加工转换效率
	三废综合利用产品产值
	回收利用率
	单位 GDP 能耗
	工业增加值能耗
	第三产业增加值能耗
	地均能源消耗
	人均生活能耗
	煤炭占一次能源消费量比例

（四）综合能源系统规划可靠性评价[4]

与传统配电网络类似，供能可靠性用于描述综合能源系统在研究时间内完成规定供能任务的能力。此处的供能任务包含两层含义：一方面，供能系统应时刻保持供能的安全性，即对于设备运行参数稳定、不越限的要求；另一方面，考虑到可能出现的设备故障，在故障排除或修复的时间内，系统应通过切换运行状态，保证用户不受影响。表2-4可靠性评价指标分别从正常和故障工况出发，以热电联供系统为例，选取合适的可靠性评价指标。

表2-4 综合能源系统规划可靠性评价指标

一级指标	二级指标
可靠性	$N-1$通过率
	供热安全指标
	系统停供频率
	系统停供持续时间
	系统供能不足量
	系统供能可靠性

二、区域能源规划评价体系

区域能源规划评价体系是以系统工程学、经济学等为基础，从区域能源系统内部性能特征及外部社会影响等方面，结合现有有关技术措施与规范，经过分析对比和提炼筛选，确定了技术效益、经济效益、环境效益和社会效益4个准则层，并逐层分析确定各个定性和定量评价指标，提出一种综合反映区域能源规划的评价方法，对区域能源系统开展全面科学的评价，为选择优化方案提供科学依据。

（一）技术效益指标体系

不同方案使用不同的能源设备，有着不同的技术原理。技术层面最能体现各个方案的差异性。这里的技术指标主要从各系统的技术特点和节能情况来分析比较，选取具有代表性的一次能源利用率、可再生能源利用率、性能系数及运行安全稳定性、设备成熟度等定性指标。

1. 一次能源利用率

一次能源是指从自然界获得的可直接利用的能源，如原煤、原油、天然气、水能、太阳能、风能、海洋能、潮汐能、地热能、天然铀矿等。一次能源利用率（Primary Energy Ratio，PER）定义为可用的输出能量与输入的一次能源能量的比值。

对于传统系统：

$$PER_{SG} = \frac{Q_H + Q_E + Q_C}{\dfrac{Q_H}{\eta_f} + \dfrac{Q_E}{\eta_e \cdot (1-\varphi)} + \dfrac{Q_C}{COP_C \cdot \eta_e \cdot (1-\varphi)}} \quad (2\text{-}1)$$

式中：Q_H、Q_E、Q_C 分别为系统产热量、发电量及制冷量，单位为 kW·h；COP_C 为系统中制冷系数（传统系统中，COP_H 已换为锅炉热效率 η_f）；η_f 为锅炉制热效率；η_e 为传统燃煤电厂平均效率，取 36%；φ 为电网输电线损率，取 7%。

对于热泵系统：

$$PER_{SG} = \frac{(Q_H + Q_E + Q_C) \cdot \eta_e \cdot (1-\varphi)}{\dfrac{Q_H}{COP_H} + Q_E + \dfrac{Q_C}{COP_C}} \quad (2\text{-}2)$$

式中：COP_H 为系统中制热系数。

对于冷热电三联供系统：

$$PER_{CCHP} = \frac{Q_H + Q_E + Q_C}{\sum Q_P \cdot HI} \quad (2\text{-}3)$$

式中：$\sum Q_P$ 为三联供系统中一次能源（天然气）消耗量，单位为 Nm^3；HI 为天然气的低位发热量，取 33.82 MJ/Nm^3。

2. 可再生能源利用率

可再生能源有风能、水能、太阳能、地热能、海洋能和生物质能等。2011 年 3 月 8 日，国家财政部、住房和城乡建设部联合印发的《关于进一步推进可再生能源建筑应用的通知》，明确提出到 2020 年可再生能源在建筑领域消费比例要占建筑能耗的 15% 以上，所以在各种新区能源规划中，都将可再生能源利用率列为必选指标，如天津中新生态城的指标体系中，提出可再生能源比例为 20%；长辛店生态城指标体系中，可再生能源使用率不低于 20%。可再生能源利用率（Renewable Energy Ratio，RER）计算公式如下：

$$RER = \frac{P_{R,U}}{P_{R,S}} \quad (2\text{-}4)$$

式中：$P_{R,U}$ 为系统中可再生能源的利用量，单位为 $kW \cdot h$；$P_{R,S}$ 为社区中能源消耗总量，包括采暖、制冷、炊事、生活热水、照明、其他设备用电等能源消耗，单位为 $kW \cdot h$。

可再生能源利用量的计算方法参考欧盟的相关规定：

$$P_{R,U} = Q_u \cdot \left(1 - \frac{1}{SPF}\right) \quad (2\text{-}5)$$

式中：$P_{R,U}$ 为热泵产生的总的可利用热量，且符合可再生能源替代量为正值时才计入，单位为 $kW \cdot h$；SPF 为热泵平均季节性能系数。

3. 性能系数

性能系数是衡量系统制热和制冷的基本指标，在制冷工况下的效能系数为制冷系数 COP_C，在制热工况下的效能系数为制热系数 COP_H。系统的性能系数是指系统收益（供冷量或制热量）与付出代价（所消耗的机械能或热能）的比值。为了使不同系统之间的性能有一定的比较性，通常用标准工况（或额定工况）的性能系数衡量系统性能的优劣。在社区能源系统

中的 COP_C、COP_H 一般由系统中选用的设备确定，与后期实际运行也有关系。

4. 其他技术参数

（1）技术成熟度

技术成熟度是指供能设备的技术水平、工艺流程、配套资源、技术生命周期等方面所具有的产业化实用程度。传统的电空调、锅炉等设备应用广泛，技术非常成熟。天然气三联供技术比较成熟，经济性越来越好，发展也越来越快。

空气源热泵技术应用较为广泛且技术应用成熟；地源热泵技术尚未发展成熟，相关的一系列施工工具、工艺、人员水平都有待发展；太阳能热利用（热水器）技术非常成熟，已经实现商业化；光伏发电技术逐渐成熟，但成本居高不下。

（2）设备可维护性

设备可维护性分为设备可靠性和设备可维修性。可靠性可以保证设备持久地发挥应有的功能，使设备不发生或少发生故障，减少维修工作与费用，降低停机造成的损失。设备可维修性是指设备发生故障后经维修恢复正常工作的能力，反映了设备维修的难易程度。

传统系统中用到的电空调、锅炉等设备简单，需要制冷供热两套机组和维护人员，运行维护复杂，冬季运行费用高；天然气三联供设备系统复杂，需要专门的操作管理人员，维护费用高；地源热泵机组非常耐用，它的机械运动部件非常少，埋地避免了室外的恶劣气候的影响，而且其使用寿命长，维护费用低；空气源热泵后期运行简单方便，不需要专门的操作管理人员，运行维护保养的成本低。

(3) 运行安全稳定性

社区能源系统应满足在制冷期、供暖期时段内安全平稳运行,在负荷发生变化或是外界极端天气条件下,技术参数不随之发生大的变化,保持在合理数值范围内,更不能出现设备损坏等大的安全事故,能较好满足用户的负荷需求,能保证良好的换热效果。

传统系统中的冷热电系统相互独立,便于控制,提升了运行安全稳定性;天然气三联供系统夏季以冷定电,冬季以热定电,不足电力由市政供应,控制调节复杂;空气源热泵机组冬季恶劣天气下存在结霜问题,室外温度越低,效率越低,系统较复杂;地源热泵机组因地下土壤温度全年波动幅度小,相对保持稳定,热泵效率基本没衰减,在室外环境温度过低和过高时都能很好地保持舒适性。

(4) 占用土建面积

在当下寸土寸金的城市社区中构建能源系统,应充分利用社区中闲置的可用地来安装能源设备,以确保社区能源系统的合理性。传统系统和天然气三联供系统需要布置专门的制冷或供热机房,还需要建造大的冷却塔,主机要设于通风良好的空间内;空气源热泵主机一般放置在建筑物顶层屋面,不需要设置专门的空调机房放置机组;地源热泵机组则需要大量的绿化空地,用来预埋土壤侧换热设施,施工难度大,需要钻井、成井、洗井、回填、回灌等。

(二) 经济效益指标体系

区域能源系统经济性评价是决定工程项目是否可行的最重要依据,也是各评价准则层中最受项目投资者关注的指标,通常采用初投资、运行成本、系统使用寿命、投资回收期等二级经济性评价指标。

1. 初投资

能源系统可以采用的设备众多,不同设备可进一步组成不同样式的系统结构。投资费 $C_{t,c}$ 反映系统各个设备的购置费、安装费及相关工程建设其他费用等。

$$C_{t,c} = \sum I_n C_a \tag{2-6}$$

式中:C_a 为设备单价,单位为万元;I_n 为设备数量,单位为台。

根据相关资料,列举了某区域能源规划方案的核心设备费用参考,如表2-5所示。

表2-5 核心设备价格

单位:万元/台

名称	费用估算
电制冷机组	584
燃气真空锅炉	35
燃气内燃发电机组	1 720
蒸汽直燃机组	770
地源热泵机组	43
全热回收系列风冷热泵机组	60
燃气蒸汽锅炉	15
生活热水锅炉	25
柴油发电机	8

其他费用包括电气及自控工程费用、设备安装费、泵及冷却塔等辅机设备费用、土建费、燃气系统脱硝配套费用、地源热泵钻井施工等费用。

2. 运行成本

(1) 年能耗费用

年能耗费用涉及电驱动及以天然气为燃料的系统,应包括年总电费和年总燃料费用两部分。

$$C_s = F_u + A_e \tag{2-7}$$

式中：C_s 为年能耗费用，单位为万元；F_u 为年燃料费用，单位为万元；A_e 为年总电费，单位为万元。

（2）单位面积运行成本

单位面积运行成本分为夏季单位面积制冷运行费用和冬季单位面积供暖运行费用。

$$A = \frac{\sum p \cdot \dfrac{Q}{COP}}{S} \tag{2-8}$$

式中：A 为单位面积运行成本，其中夏季单位面积制冷运行费用用 A_C 表示，冬季单位面积供热运行费用用 A_H 表示，单位为元/m²；p 在天然气三联供系统中为能源的价格，其中天然气的价格可表示为 p_g，在热泵系统中电力价格可表示为 p_e；Q 为制冷量或供热量，其中夏季制冷量为 Q_C，共 1 889 万 kW·h，冬季供热量为 Q_H，共 1 542 万 kW·h；COP 可分为制冷系数（COP_C）和制热系数（COP_H）；S 可分为制冷总面积（S_C）和供热总面积（S_H）。

3. 系统使用寿命

系统使用寿命是指系统中包含的全部设备从全新状态开始使用，一直到核心设备无法稳定运行，不再具有正常功能而停止使用的全部时间，与设备维修保养的好坏密切相关，单位为年。

4. 投资回收期

$$T = \frac{C_{t,c}}{\sum c \cdot Q - C_S - A_r} \tag{2-9}$$

式中：T 为系统的投资回收期，单位为 a；c 表示系统产品的单位价格，其中单位电价为 c_e，单位热价为 c_h，单位冷价为 c_c，单位为元/（kW·h）；Q 表示系统中的能量，其中发电量为 Q_E，供热量为 Q_H，制冷量为 Q_C，单位为 kW·h。

A_r 为初投资年折算值。

$$A_r = C_{t,c} \cdot \frac{i \cdot (1+i)^n}{(1+i)^n - 1} \tag{2-10}$$

式中：i 为折现率，这里取银行当年年利率，即 4.9%；n 为项目运行年限。

（三）环境效益指标体系

能源利用所引起的环境问题主要是由燃烧煤、石油、天然气等一次能源所排放的烟尘、硫化物、CO_2、NO_x 等造成的。区域能源系统的污染物排放主要来源于燃气轮机、燃气锅炉、内燃机、购买电量（折合燃煤发电产生的污染物）等。因此，区域能源系统中主要选取烟尘、SO_2、CO_2、NO_x 的排放量作为社区能源系统环保型重要评价指标，除此之外，还选取了噪声污染和景观美化等定性指标。

1. 污染物排放量

对于传统系统：

$$E = \frac{\frac{Q_H}{COP_H} + Q_E}{\eta_e \cdot (1-\varphi)} \cdot \alpha_e + \frac{Q_C}{COP_C} \cdot \alpha_g \tag{2-11}$$

式中：E 为年排放量，烟尘排放量为 E_d，CO_2 排放量为 E_{CO_2}，SO_2 排放量为 E_{SO_2}，NO_x 排放量为 E_{NO_x}，单位为 t/a；α_e 为电网基准线排放因子，烟尘排放因子为 $\alpha_{d,e}$，CO_2 排放因子为 $\alpha_{CO_2,e}$，SO_2 排放因子 $\alpha_{SO_2,e}$，NO_x 排放因子为 $\alpha_{NO_x,e}$，单位为

$g/(kW \cdot h)$；α_g 为天然气基准线排放因子，烟尘排放因子为 $\alpha_{d,g}$，CO_2 排放因子为 $\alpha_{CO_2,g}$，SO_2 排放因子为 $\alpha_{SO_2,g}$，NO_x 排放因子为 $\alpha_{NO_x,g}$，单位为 g/Nm^3；污染物排放因子见表 2-6。

对于天然气三联供系统：

$$E = \left(\frac{Q_H}{COP_H} + Q_{E,e} + \frac{Q_C}{COP_C} \right) \cdot \alpha_{d,g} \quad (2-12)$$

对于热泵系统：

$$E = \frac{\frac{Q_H}{COP_H} + Q_E + \frac{Q_C}{COP_C}}{\eta_e \cdot (1-\varphi)} \cdot \alpha_{d,e} \quad (2-13)$$

表 2-6 污染物排放因子

污染物	单位	烟尘	CO_2	SO_2	NO_x
燃煤发电	$g/(kW \cdot h)$	0.57	1 000	9.14	3.32
天然气	g/Nm^3	0.62	1 940	1.24	4.96

2. 噪声影响

近年来，随着工业的快速发展，工业噪声也越来越严重，诸多供能设备噪声污染都具有广泛性和持久性，只要生产设备不停止运转，噪声就不会停止，工人和外界环境就会受到持久的噪声干扰。噪声不仅会干扰工作，影响人的情绪，长期暴露在噪声中还会对人体健康造成损害。根据中国现行的环境噪声的相关国家标准《声环境质量标准》（GB 3096—2008），要求适用于居住型社区的噪声限值应满足 2 类标准，白天不超过 60 dB，夜间不超过 55 dB。在区域综合能源系统中，可能会有水泵噪声、燃气轮机噪声等，冷却塔还会有漂水噪声。另外，像空气源热泵机组的设备布置在室外，会导致噪声污染更大；地源热泵系统中转动设备少，运行过程较安静，噪声小。

3. 景观美化

在区域综合能源系统的设备及管路布置上,既要满足简单、合理、安全等条件,也可兼顾到与区域整体外在环境的协调。室内机房要保证干净整齐,室外设备可就近布置,要以不影响周围整体环境为宜。可通过合理的位置规划、室外设备外壳涂彩等尽量做到景观美化、视觉美化。

(四) 社会效益指标体系

在国家"煤改气""煤改电"节能减排的大背景下,构建低碳清洁绿色社区能源系统,可享受政府优惠政策。良好的示范区域能源站反过来又可以平衡当地区域用能,促进本区域经济发展和人才就业,形成一个良性循环。这里选取资源可利用性、政策支持、平衡能源结构和促进经济发展等社会指标。

1. 资源可利用性

资源可利用性,即分析当地可利用能源资源条件,包括市政电网、燃气资源、地热资源、太阳能资源及日照时长、生物质资源等。区域综合能源系统方案的确定要因地制宜,基于已有的市政基础条件和各类可再生能源资源条件进行选择。新建医院周围如有充足的天然气资源,可选择应用天然气三联供机组;如果市政供电条件也良好,在考察现场地质情况后,确定是否满足地源热泵机组的应用要求等。

2. 政策支持

能源方案的确定须符合国家大政策层面,满足国家"十三五"能源规划等,一些政策支持可能在设备选型或能源价格方面让供能项目得到政府财政补贴等实质性的优惠。例如,2018年郑州市人民政府印发的《郑州市清洁取暖试点城市示范项目资金奖补政策》,就针对采用不同清洁供暖项目,给予了具体的高额补贴。详细细则为针对采用可再生能源采暖、多能互补采暖等清洁能源进行区域供热的工程项目，按项目可供热面积给予40元/m²的奖金补贴，但单个项目补贴不超过5 000万元和项目总投资的30%；针对实施天然气分布式能源站等清洁能源供暖工程，按照建设项目装机容量给予1 000元/kW的奖金补贴，但单个项目补贴不超过3 000万元和项目总投资的10%。

3. 平衡能源结构

城市能源供应主要依靠市政电网和市政热网，在夏季常会同时出现电力高峰和燃气低谷，而冬季则会出现燃气高峰。采用天然气三联供系统，利用燃烧天然气发电和制冷，会增加夏季的燃气使用量，减少夏季电负荷，且能缓解区域电网的供电压力，对燃气和电力有双重削峰填谷的作用。使用热泵系统，因为其制冷/热系数高，可消耗较少的电量来满足用户的冷/热需求，也可在冬季减少对天然气的消耗，所以有着较好的削峰作用。

4. 促进经济发展

一个区域的建立也代表着一个小经济体的形成，势必会对当地经济产生影响，是否能增加地方财政收入，提升或拉低当地GDP等也是需要在项目实施前进行分析的。不同区域综合能源系统可为用户提供不同数量和品质的能源服务，根据实际项目定义的对应单位冷热价格可能会有差异，这些都与用户生活息息相关。另外，从区域综合能源系统方案的提出、实施、运营等各阶段都需要大量的人力资源，可增加当地的就业机会。

(五) 可靠性指标体系[4]

1. 正常工况可靠性指标

正常工况下，可靠性指标反映了系统供能安全与否。对于所研究的热电联供系统，相应的可靠性指标可由各自的供能安全准则给出。

《城市电网供电安全标准》中，供电安全采用 $N-1$ 校验准则。按校验设备类型划分，可分为主变 $N-1$ 和馈线 $N-1$ 校验。在元件发生 $N-1$ 故障断线或检修时，由于配电网闭环设计、开环运行的特点，通常需要闭合一个开关以保证负荷正常供电，因此配电网的安全校验又称为 $N-1+1$ 准则。在此准则下，系统需保证所有负荷的正常供电，并且所有元件均不过载、不越限，仅在发生严重故障时，可允许变压器短时过载。

供热安全则主要对管道中热媒流速、压力等指标进行校验，判断其是否能在现有环境、管道材质下安全运行。以热水管网为例，对供热安全指标进行说明。

给定热负荷、管道直径的大小，通过水力计算，可求得管道热水流量及压力损失。《城镇供热管网设计规范》中规定：①支干线比摩阻不应大于 300 Pa/m；②热水流速不应大于 3.5 m/s；③热水热力网供水管道任何一点的压力不应低于水的汽化压力，并留有 30 kPa~50 kPa 的富裕压力。

2. 故障工况可靠性指标

故障工况指标即考虑系统故障时对各负荷点的供能情况。不同元件发生故障会导致不同程度的供能量不足，因此在进行故障工况分析时，首先要明确所考虑的故障元件种类，即形成故障元件集 $\{f_i\}$。可通过蒙特卡洛模拟法对 $\{f_i\}$ 中的元件运行状态采样，从而模拟系统的故障工况。

联供系统的故障工况可靠性指标可分为负荷点指标和系统级指标，其中负荷点指标通过对故障工况下的用户供能情况统计得到，系统级指标则在负荷点指标基础上计算得到。

(1) 负荷点指标

负荷点指标包括负荷点故障率 λ（次/a）、负荷点停供持续时间 r（h/次）、负荷点年停供时间 U（h/a）。对于热电联供系统，电网用户的负荷点指标可直接根据故障、联络开关、分段开关的相对位置及分布式电源出力情况计算得到。热网用户的指标在计算时，需要额外计及建筑的保温特性，即热用户冗余时间 T。它表示在故障工况下，热用户室温降至最低规定温度 $t_n^{\min}$ 所用的时间，反映了建筑对变工况的容许能力。记热网故障修复时间为 t_1，负荷点处分布式供能设备切换时间为 t_2，当 $\min(t_1, t_2) > T$ 时，认为热负荷受到故障影响，在此基础上进行各个负荷点可靠性指标的测算。根据建筑物温降模型，热用户冗余时间 T 的计算公式如下：

$$T = \chi \ln \frac{t_n - t_w - \dfrac{Q}{q_0 V}}{t_n^{\min} - t_w - \dfrac{Q}{q_0 V}} \quad (2-14)$$

式中：χ 为建筑的热储备系数；t_n 为室内设计温度；t_w 为室外空气计算温度；q_0 为建筑的供暖体积热指标；V 为建筑的外围体积；Q 为故障工况下系统向建筑的供热量，对于故障时与热网断开的负荷，$Q=0$。

(2) 系统级指标

系统级指标包括系统停供频率（System Interruption Frequency，SIF）、系统停供持续时间（System Interruption

Duration，SID)、系统供能不足量（System Energy not Supplied，SENS)、系统供能可靠性（System Service Availability，SSA)。系统级指标的计算公式如下：

$$SIF = \frac{\sum\limits_{i \in E} \lambda_i^e N_i^e + \sum\limits_{i \in H} \lambda_i^h N_i^h}{\sum\limits_{i \in E} N_i^e + \sum\limits_{i \in H} N_i^h} \quad (2-15)$$

$$SID = \frac{\sum\limits_{i \in E} U_i^e N_i^e + \sum\limits_{i \in H} U_i^h N_i^h}{\sum\limits_{i \in E} N_i^e + \sum\limits_{i \in H} N_i^h} \quad (2-16)$$

$$SENS = \sum\limits_{i \in E} L_i^e U_i^e + \sum\limits_{i \in H} L_i^h U_i^h \quad (2-17)$$

$$SSA = 1 - \frac{\sum\limits_{i \in E} U_i^e N_i^e + \sum\limits_{i \in H} U_i^h N_i^h}{8\,760 \left(\sum\limits_{i \in E} N_i^e + \sum\limits_{i \in H} N_i^h \right)} \quad (2-18)$$

式中：E 为电网所有负荷点的集合；H 为热网所有负荷点的集合；N_i^e 和 N_i^h 分别表示电网和热网中第 i 个负荷点的用户数。

第三章 区域能源规划需求预测分析理论及方法

一、区域能源总体需求预测分析理论及方法

区域面积一般在几平方千米到上百平方千米之间，负荷需求呈多样化、复杂化和不确定性特征。对区域负荷需求预测需根据规划内容和指标约束，建立精细化负荷需求预测模型，将相关绿色发展理念融入负荷模型中。实现对区域负荷需求精准化预测，对后续分析区域供能侧能源设备规划具有重要意义。区域负荷需求预测内容如表 3-1 所示。

表 3-1 区域负荷需求预测内容

负荷类别	负荷内容
冷	建筑（包含工业建筑，下同）暖通、特殊工业供冷
热	建筑暖通、建筑生活热水、工业用热
电	建筑设备、照明、工业设备、电动汽车
气	工业用气、民用气

目前常用的区域负荷需求预测方法有负荷密度法、统计模型法、软件模型法。情景分析法是运用上述三种方法设定不同场景分析区域负荷预测的不确定性的方法。

负荷密度法是一种根据供能范围内不同功能地区占地面积及相应的用电负荷密度或年用电量密度，测算预测期用能负荷或年用能量的方法。以建筑负荷测算为例，通常将单体建筑的单位面积负荷指标乘以相应的建筑面积，得到单体建筑的负荷，再累计求和，乘以同时使用系数，得到区域建筑群的负

荷。负荷密度法是工程上常用的方法，负荷指标只反映多种影响因素共同作用和叠加作用下的负荷需求，然而多种影响因素同时出现的概率很小，因此，负荷密度法常常高估区域内的负荷。负荷密度法得出的结果较为粗略，缺乏理论依据，所需的输入参数较少，适用于在总体规划阶段，各部分具体方案还未形成，数据较为缺乏的情况下对区域总负荷进行大致估算。

统计模型法是一种研究负荷与影响因素的关系，以历史数据为基础，建立统计负荷预测模型，进行数据外推的方法。统计模型法是以大量能耗数据作为基础，采用关联分析法分析影响数据的因素，得到负荷预测模型，从而对未来的负荷进行预测。此类方法主要包括回归分析法、时间序列法、神经网络法、支持向量机法及灰色理论等，以及各种方法的综合应用。国内外有关单体建筑的负荷计算和能耗计算研究较多，主要包括神经网络法、统计回归法、支持向量机法和灰色理论结合改进的遗传算法等。

针对目前区域能源规划时单体建筑的参数不完备、无法用常规负荷计算软件对区域内各单体建筑进行负荷预测等难题，可采用基于蒙特卡罗的区域建筑冷负荷预测模型。该方法首先建立适用于区域建筑群的冷负荷预测随机模型，并确定随机模型的风险变量分布特征，然后借助于蒙特卡罗随机模拟方法获得区域内各类建筑及整个区域建筑群的峰值冷负荷概率分布和全年平均逐时冷负荷，同时利用实际应用场景相关参数模拟区域建筑群的冷负荷特性。统计模型法的工作量大，在拥有大量历史数据且关键变量间的关系在未来保持不变的情况下预测比较有效；在复杂多变的环境下，统计预测方法因其基于关键变量间的历史联系的假设跟实际情况不符而较难奏效。此外，此

类方法需要基于大量的历史数据累计，而相关统计部门通常仅对能耗总量进行统计，很难得到逐时的动态数据，对于建筑能耗，不同类型、不同管理方式、不同地区的建筑逐时负荷相差较大；对于工业能耗，通过辨析工艺流程、产量、产品情况等关键因素，对推测增量的工业市场有一定指导意义。

软件模拟法是以计算机能耗模拟软件为平台，根据典型年气象参数，详细的地块信息，以及设计参数，通过计算机模拟仿真的手段获得该地区的逐时负荷数据，作为负荷的预测值。目前，基于软件模拟法的区域能源负荷需求分析多集中在建筑负荷分析。在软件模拟过程中，不同建筑需要根据现实中的建筑维护结构热工参数构造建筑维护模型（建筑设计标准中一般有相应的要求），根据对应的参数（建筑空气调节、供暖系统运行时间、供暖空调区域室内温度、照明功率密度、照明开关时间、不同房间人均占有建筑面积、房间人员在室率、不同房间人均新风量、电气设备功率密度等）设定的运行规则来模拟实际负荷随时间的变化情况。软件模拟法是对统计模型的进一步工程化应用，能够将理论与实际结合，得到更加符合实际的分析结果。在软件模拟法计算过程中，需要建立不同类型的元件模型以适合城市建筑设计方案已确定的情况，在区域用能的规划阶段时，建筑详细方案还未确定，无法得到准确的模型输入参数，而建立能够真实反映用能情况的元件模型是保障软件模拟准确性的基础。

情景分析法是考虑外部环境变化对时间影响的基础上，研究辨识各种影响因素，对时间做出详细和严密的推理和描述来构想未来各种可能的方法。大多是对经济、产业或技术的重大演变提出各种关键假设，包括经济社会发展水平、人口规模、产业结构特征、社会节能政策措施、获得能源和资源的途径和限制条件等，通过对未来详细地、严密地推理和描述来构想未来各种可能的方案。情景分析法的最基本观点是未来充满不确定性，但未来有部分内容是可以预测的，这是由不确定性的特征决定的。如果对不确定性进行分解，可以发现，不确定性由两部分构成：①"影响系统"中本质上的不确定因素。"影响系统"是指影响某一事件的趋势或发展的，相互联系、相互影响的多种因素构成的体系。影响系统中本质上的不确定因素是无法预测的。②缺乏信息和缺乏对影响系统的了解。如果采用比较科学、系统的方法来把可预测的东西同不确定的东西分离出来，通过对影响系统和其可预测的、规律性的因素的更多了解，就可以大幅度降低不确定性，从而能预测未来的某些发展趋势。

总结以上四种预测方法的特点及其适用阶段，如表3-2所示。

表3-2　各种预测方法比较

预测方法	预测阶段			预测周期			特点
	规划	设计	运行	短期	中期	长期	
负荷密度法	√	√				√	静态的估算方法，不能反映动态特性，数值偏高
统计模型法			√	√	√		建模过程复杂，输入变量选择不当会导致较大偏差
软件模拟法	√	√			√	√	需要气象参数及详细的建筑信息，计算精度高
情景分析法	√	√			√	√	需设定多种情景，仍具有不确定性

结合实际工程应用，进一步梳理负荷密度法、统计模型法、软件模型法在区域负荷需求预测中的应用，并给出计算依据或方法，如表3-3所示。

表3-3 区域负荷需求预测方法

负荷	负荷密度法	统计模型法
建筑（包含工业建筑，下同）暖通	《近零能耗建筑设计标准》《民用建筑能耗标准》等	需要历史数据，可进行神经网络等方法历史外推
建筑照明、设备用电	《工业与民用供配电设计手册》《公共建筑设计标准》等	需要历史数据，可进行神经网络等方法历史外推
建筑生活热水	《城市供热规划规范》等	需要历史数据，可进行神经网络等方法历史外推
工业用冷	《数据中心单位能耗标准》等	根据各类型工业用户上报的用能数据，进行相关统计分析
工业用热	《工业产品单位产量综合能耗计算方法及限额》	
工业用电	《工业与民用供配电设计手册》等	
交通照明	《城市道路照明设计标准》等	交通照明用能规律性较强，可根据政府规划的交通照明启停时间确定用能规律
电动汽车	《电动汽车能量消耗率限值》等	需要历史数据，可进行蒙特卡罗等方法模拟

二、区域工业负荷需求预测分析理论及方法

工业是指从事自然资源的开采，对采掘品和农产品进行加工和再加工的物质生产部门。我国《国民经济行业分类》（GB/T 4754—2017）将工业行业划分为采矿业、制造业、电

力燃气及水的生产和供应业 3 个门类行业，41 个大类行业，207 个中类行业和 666 个小类行业。而我国已有 41 个工业大类、666 个工业小类，是世界上工业体系最为健全的国家。

工业能耗是我国三大部门之首，其碳排量占我国碳排总量的 70% 左右。因此，区域在产业规划中应建立绿色产业准入门槛，目前各城市的《工业土地用地指南》已经从土地投资强度、土地产出、土地税收等方面提出土地转让条件，但是只有少数城市对能耗约束和污染约束做出相应规定。区域还应完善绿色产业能耗准入门槛，根据本地产业能耗特性，做出相应约束和引导。部分行业地均能耗如表 3-4 所示。

表 3-4　部分行业地均能耗[6]

序号	类别	地均能耗（tce/万 m^2）
1	电子计算机制造	1 051.06
2	电池制造	694.3
3	通信设备制造	471.33
4	汽车制造	457.81
5	医疗仪器设备及器械制造	257.67

工业种类繁多，负荷需求也是多种多样。从能源品种来看，工业消耗电、热、冷、气（包括天然气、氢气等）；从生产特性来看，工业消耗分为生产系统消耗和生活系统消耗。其中生活系统消耗，如食堂、生活热水等符合需求预测，按照建筑负荷需求预测方法进行测算。而生产系统消耗直接体现在单位产品实体上，因此对于生产系统消耗的预测可以运用单位产品法或单位产值法，部分行业产品能耗、部分产品单位电耗、工业热负荷指标分别如表 3-5、表 3-6、表 3-7 所示。

表 3-5 部分行业产品能耗[7]

序号	指标名称	指标单位	数值
1	芯片制造	kW·h/8 英寸圆片	292.86
2	乘用车单耗	tce/辆	0.17
3	机制纸及纸板综合能耗	kgce/t	298.49
4	单位烧碱生产综合能耗（离子膜）	kgce/t	314.8
5	轧钢工序单位能耗	kgce/t	68.96

表 3-6 部分产品单位电耗[8]

标准产品	产品单位	单位产品耗电量/(kW·h)	标准产品	产品单位	单位产品耗电量/(kW·h)
有色金属铸造	t	600~1 000	变压器	kV·A	2.5
电解铝	t	14 200~15 300	静电电容器	kvar	3
钢铁综合耗电	t	750	电动机	kW	14
合成氨	t	1 250	量具刃具	t	6 300~8 500
烧碱	t	2 300	轴承	套	1~2.5~4
水泥综合耗电	t	97	铸铁件	t	300
重型机床	t	1 600	锻铁件	t	30~80
机床	t	1 000	纱	t	40
拖拉机	台	5 000~8 000	棉布	100 m	34
汽车	辆	1 500~2 500	橡胶制品	t	250~400
自行车	辆	20~25			

表 3-7　工业热负荷指标[5]

单位：t/(h·km²)

序号	工业类型	单位用地面积规划蒸汽用量
1	生物医药产业	55
2	轻工	125
3	精密机械及装备制造产业	25
4	电子信息产业	25
5	现代纺织及新材料产业	35

工业负荷需求受工业类型、产品产量及生产规律等因素影响较大。因此，精确的工业负荷预测还需结合区域产业规划和企业规划进行进一步测算，建议结合实地调研的方法明确产业类型、生产规律和用能需求状况。典型区域用能需求调研情况如表 3-8 所示。园区基本情况如图 3-1 所示。

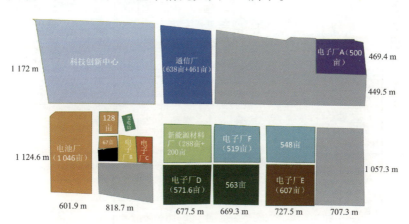

图 3-1　园区基本情况图

表3-8 典型区域用能需求调研情况表

企业名称	蒸汽负荷/(t/h)			暖通热负荷	供应规律	工业冷负荷/(t/h)			暖通冷负荷	供应规律
	最大	平均	最小			最大	平均	最小		
电子厂A	13 333	10 000	6 667	5 000	①24 h供应,周末无休,春节放假10～15天,"五一""十一"分别停工3～4天;②夏季供热量最小,6月份减少至热量最大值的1/3	13 333	10 000	6 667	20 000	①24 h供应,周末无休,春节放假10～15天,"五一""十一"分别停工3～4天;②负荷随外界温度变化,冬季减少至1/3;③车间环境要求23±2 ℃,外界温度高于23 ℃时开始供冷
电子厂B	9 333	7 000	4 667	1 275	24 h生产,春节倒班	458	343.5	229	801.5	24 h生产,春节倒班
电子厂C	9 333	7 000	4 667	1 275		458	343.5	229	801.5	
电子厂E	11 200	8 400	5 600	2 100	①试生产阶段:连续生产20多天,停产一周;②量产阶段:每月保养1～2天,其他时间24 h生产	3 200	2 400	1 600	5 600	①试生产阶段:连续生产20多天,停产一周;②量产阶段:每月保养1～2天,其他时间24 h生产

续表

企业名称	蒸汽负荷/(t/h)			暖通热负荷	供应规律	工业冷负荷/(t/h)			暖通冷负荷	供应规律
	最大	平均	最小			最大	平均	最小		
电池厂	28 000	21 000	14 000	8 300	①冷/热同时用,用冷和用热随气候/产能变化很大;②全年无休息	46 025	34 519	23 013	48 326.6	—
电子厂F	1 867	1 400	933	4 500	—	2 000	1 500	1 000	3 000	—

三、区域建筑负荷需求预测分析理论及方法

建筑按使用功能分为民用建筑、工业建筑和农业建筑三大类。民用建筑是供人们居住和进行公共活动的建筑的总称，按使用功能又可细分为居住建筑和公共建筑。其中，居住建筑是供人们居住使用的建筑，可分为住宅建筑和宿舍建筑；公共建筑是供人们进行各种公共活动的建筑，可分为教育建筑、办公建筑、科研建筑、商业建筑、金融建筑、文娱建筑、医疗建筑、交通建筑等约 15 种类型。这里主要针对民用建筑负荷需求进行预测分析。

建筑负荷需求包括建筑暖通、建筑照明、设备用电，以及建筑热水需求预测，其预测方法如图 3-2 所示。其中，建筑照明、设备用电可根据单位面积功率与相关设备用电行为的乘积进行计算，相关指标如表 3-9、表 3-10 所示；建筑热水需求也可根据平均热负荷指标与建筑面积乘积计算，相关指标如表 3-11 所示[11]。建筑暖通负荷影响因素复杂多变，适合采用软件模拟法建立建筑暖通精确负荷预测模型，并运用指标法加以校核。

图 3-2　建筑负荷需求预测方法

表3-9 各类建筑物用电指标[9]

单位：W/m²

建筑类别	用电指标	建筑类别	用电指标
公寓	30~50	医院	30~70
旅馆	40~70	高等学校	20~40
办公	30~70	中小学	12~20
一般商业	40~80	展览馆	50~80
大中型商业	60~120	演播室	250~500
体育	40~70	汽车库	8~15
剧场	50~80	机械停车库	17~23

表3-10 每套住宅用电负荷指标[5]

建筑面积 S/m²	用电负荷/kW	电能表（单相）电流/A
$S \leq 60$	45	60
$60 < S \leq 90$	65	60
$90 < S \leq 120$	85	60
$120 < S \leq 150$	105	60

注：本表需与住宅用电负荷的需要系数配合使用。

表3-11 生活热水热指标[8]

单位：W/m²

用水设备情况	热指标
住宅无生活热水，只对公共建筑供热水	2~3
住宅及公共建筑均供热水	5~15

建筑暖通负荷需求影响因素主要分为两大类：一类是建筑本体形态；另一类是建筑开放空间。建筑本体形态包括建筑基本形态、建筑朝向、建筑物体形系数、建筑高度和被动空间。建筑基本形态是指建筑整体的结构布局，常见形态包括围合

式、阁楼式、点式等，不同的建筑基本形态会对城市人口、交通、土地利用和城市能源使用产生影响。建筑朝向影响太阳辐射得热和采光，对建筑冷暖负荷和照明负荷产生影响。建筑物体形系数是指建筑物与室外大气接触的外表面积与其所包围的体积的比值，反映了一栋建筑物体形的复杂程度和围护结构散热面积的大小，体形系数越大，体形越复杂，围护结构的散热面积越大，建筑物围护结构传热损失就越大，因此建筑物体形系数是影响建筑物耗热量的重要因素之一。建筑高度不仅对单体建筑物体形系数产生影响，还会影响城市街谷各界面的角系数，影响街谷中太阳辐射的区域，从而影响街谷中的热环境和能源消耗水平。被动空间是指距离窗户 6 m 以内，可以利用自然光和自然通风的建筑物内部空间，被动空间体积与建筑总体积之比越高，利用自然光和自然通风的可能性越大。建筑开放空间包括容积率、建筑密度、社区形态因素。容积率反映了一块土地上总的建筑容量，可用来衡量土地开发强度，容积率的提高会导致建筑面积的增加，而增加的建筑面积会占用更多的设施及绿化等，影响室外空间的大小，进而导致采光通风等条件的差异。建筑密度是指一定地块内所有建筑物的基底总面积与占用地面积的比例。社区形态因素代表了现实世界建筑环境的复杂度，如相同建筑密度条件下，建筑高度、容积率和单位建筑面积对应外表面等因素中某一因素变化带来的影响。[10]

建筑暖通负荷预测可建立建筑模型，并应用相关软件模拟进行计算。建筑暖通负荷常用软件模拟流程如图 3-3 所示。

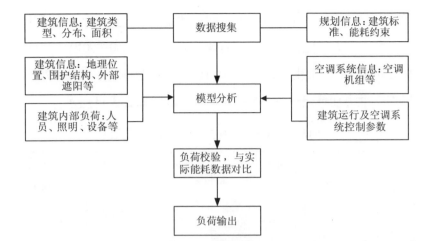

图 3-3 建筑暖通负荷常用软件模拟流程

对于建筑暖通负荷预测，需根据建筑能耗约束在设计阶段就确定建筑围护结构热工特性、窗墙比、体形系数、朝向等参数，把建筑节能理念融入建筑暖通负荷预测中。部分省份相继出台了不同建筑能耗约束标准，不同类型建筑能耗基准线推荐值如表 3-12 所示。

表 3-12 不同类型建筑能耗基准线推荐值

单位：kgce/(m²·a)

建筑类型	严寒和寒冷地区	夏热冬冷地区	夏热冬暖地区	温和地区
机关办公建筑	≤20	≤29	≤26	≤18
商业办公建筑	≤28	≤39	≤31	≤25
五星级酒店	≤53	≤69	≤62	≤28
四星级酒店	≤43	≤56	≤52	≤21
三星级及以下酒店	≤35	≤46	≤44	≤17
大型百货商场、购物中心	≤58	≤71	≤80	≤29
大型超市	≤46	≤85	≤87	≤30

此外，超低能耗建筑、近零能耗建筑和零能耗建筑的能耗标准可参考《近零能耗建筑技术标准》（GB/T 51350—2019），由该标准可知在基准线（2016年）上分别节能 50%、60%~75%、100%。北方居住建筑各类型建筑能耗节能率如表 3-13 所示。

表 3-13　北方居住建筑各类型建筑能耗节能率

	低能耗建筑	超低能耗	近零能耗	零能耗建筑
可再生能源利用	—	—	≥10%	充分利用
节能率（2016 现行标准）	20%~30%	50%	60%~75%	100%
节能率（1980 基准）	75%	82.5%	90%	100%

四、区域交通负荷需求预测分析理论及方法

区域交通系统分为道路客运、道路货运、轨道交通（主要是地铁、轻轨等城市内部交通）和水运交通。通过模拟各交通部门不同能源技术终端使用、活动水平和能效水平发展趋势，分析园区交通能源需求，具体如图 3-4 所示。

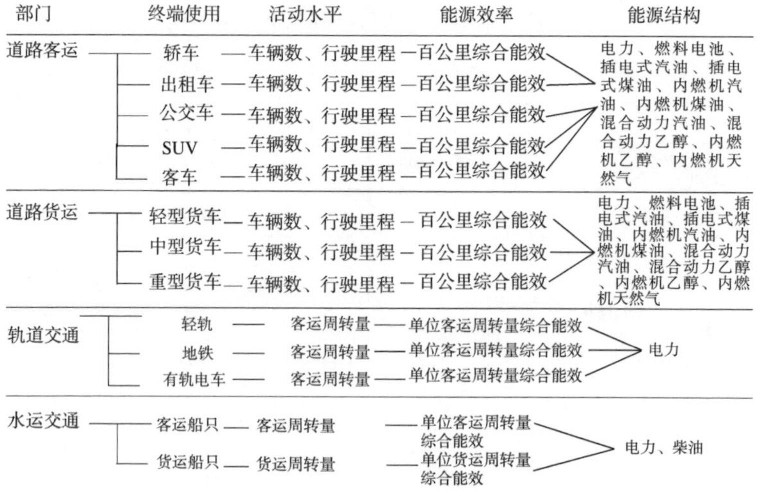

部门	终端使用	活动水平	能源效率	能源结构
道路客运	轿车	车辆数、行驶里程	百公里综合能效	电力、燃料电池、插电式汽油、插电式煤油、内燃机汽油、内燃机煤油、混合动力汽油、混合动力乙醇、内燃机乙醇、内燃机天然气
	出租车	车辆数、行驶里程	百公里综合能效	
	公交车	车辆数、行驶里程	百公里综合能效	
	SUV	车辆数、行驶里程	百公里综合能效	
	客车	车辆数、行驶里程	百公里综合能效	
道路货运	轻型货车	车辆数、行驶里程	百公里综合能效	电力、燃料电池、插电式汽油、插电式煤油、内燃机汽油、混合动力汽油、混合动力乙醇、内燃机乙醇、内燃机天然气
	中型货车	车辆数、行驶里程	百公里综合能效	
	重型货车	车辆数、行驶里程	百公里综合能效	
轨道交通	轻轨	客运周转量	单位客运周转量综合能效	电力
	地铁	客运周转量	单位客运周转量综合能效	
	有轨电车	客运周转量	单位客运周转量综合能效	
水运交通	客运船只	客运周转量	单位客运周转量综合能效	电力、柴油
	货运船只	货运周转量	单位货运周转量综合能效	

图 3-4　基于 LEAP 模型的交通负荷预测框架

通过分析各车型及技术类型车辆数量、能效水平和出行强度变化趋势，按照公式（2-19）计算园区交通能源需求模型。除道路交通外，园区内轨道交通、水运能源消费采用交通服务量及能耗强度分解的方式进行统计及预测。

$$E_{T,k} = \sum (E_{i,k} \times D_{i,k} \times N_{i,k}) + \sum (E_{j,k} \times Q_{j,k}) \quad (2\text{-}19)$$

式中：$E_{T,k}$ 表示第 k 种能源消耗量；$E_{i,k}$、$D_{i,k}$ 和 $N_{i,k}$ 表示道路交通中第 i 种交通类型中第 k 种技术类型的百公里综合能耗、行驶里程和车辆数；$E_{j,k}$、$Q_{j,k}$ 分别表示轨道交通或水运交通单位客运/货运周转量能耗和客运/货运量。

基于 LEAP 模型的区域交通负荷预测的方法预测颗粒度较粗，仅适用于区域交通负荷需求的中长期预测。事实上，对于燃油、燃气等以化石能源为主的交通，其能源供应具有可长时间存储的特性，对其需求预测精度可以稍低。然而，电动汽车以电能消费为主，由于电能具有不易存储的特性，因而对电动汽车进行精确负荷预测对分析电动汽车充电特性，对电网规划、建设和运行具有较强的指导意义。除此之外，区域交通负荷预测还含有道路照明负荷。因此，这里主要介绍电动汽车负荷需求预测和道路照明负荷预测方法。

一、电动汽车负荷预测

建立精确的电动汽车负荷预测模型，需要明确电动汽车对充电设施的特性需求。因此，电动汽车的负荷预测应先分析电动汽车与充电设施匹配关系，然后研究电动汽车出行规律，再根据其出行规律的概率分布采用蒙特卡罗法等数学方法对电动汽车负荷进行预测。

（一）电动汽车与充电设施匹配模型

电动汽车可划分为电动客车、电动公用车、电动出租车和电动私家车等，不同类型电动汽车对充电桩特性需求也各不相同，典型电动汽车与充电设施需求匹配模型如图 3-5 所示。

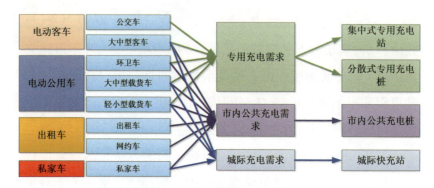

图 3-5　典型电动汽车与充电设施需求匹配模型

（二）电动汽车出行规律

各类型车辆充电次数、充电时段和充电容量是电动汽车出行规律的基本参数，公交车、出租车和私家车统计充电规律如表 3-14 所示。若需建立更为详细的电动汽车充电负荷模型，还需要研究电动汽车的时空分布参数，如停车位置概率、停车时间等。

表 3-14　各类电动汽车充电特性参数设置示例[12]

车辆类型	日均充电次数	充电时段	各时段充电概率	起始充电容量分布	起始时间分布
公交车	2	10:00—16:30	1	$N(0.5, 0.1^2)$	均匀分布
		23:00—5:30	1	$N(0.5, 0.1^2)$	
出租车	2	2:00—5:00	1	$N(0.3, 0.1^2)$	均匀分布
		11:00—14:30	1	$N(0.3, 0.1^2)$	

续表

车辆类型	日均充电次数	充电时段	各时段充电概率	起始充电容量分布	起始时间分布
私家车（日常）	1	7:30—17:00	0.2	$N(0.6,0.1^2)$	$N(9,0.5^2)$
		19:00—7:00	0.8	$N(0.6,0.1^2)$	$N(19,1.5^2)$
私家车（周末）	0.8	0:00—7:00	0.6	$N(0.6,0.1^2)$	均匀分布
		12:00—22:00	0.2	$N(0.6,0.1^2)$	直角梯形分布

（三）电动汽车负荷预测方法

目前较为常见的电动汽车负荷预测方式是蒙特卡罗法。其他如神经网络、灰色预测等时间序列方法是基于数据的预测方法，对数据量要求比较大，在目前电动汽车缺少历史数据的情况下应用范围较小。

二、城市道路照明

城市道路照明可分为主要供机动车使用的机动车道照明、交会区照明及主要供行人使用的人行道照明。其中，对于道路照明需求预测，可采用道路照明功率密度法进行计算。同时考虑灯具的电器附件功耗，高强度气体放电灯灯具的电器附件功耗可按光源功率的15%计算，发光二极管灯具的电器附件功耗可按光源功率的10%计算。机动车道路照明功率密度可参考相关标准，《城市道路照明设计标准》（CJJ 45—2015）规定值如表3-15所示。

表 3-15 城市道路照明功率密度限值及照度值[13]

道路级别	车道数量/条	照明功率密度（LPD）限值/（W/m²）	对应照度值/lx
快速路主干道	≥6	≤1.00	30
	<6	≤1.20	
	≥6	≤0.70	20
	<6	≤0.85	
次干路	≥4	≤0.80	20
	<4	≤0.90	
	≥4	≤0.60	15
	<4	≤0.70	
支路	≥2	≤0.50	10
	<2	≤0.60	
	≥2	≤0.40	8
	<2	≤0.45	

第四章 区域能源规划资源禀赋分析理论及方法

区域能源规划资源禀赋分析包括常规能源和清洁能源。遵循因地制宜的原则，与区域气候相结合，对区域所处的风环境、光环境、水环境等有充分的了解，结合区域的用能特点，优先利用本地可再生能源资源和未利用的余热资源，提高区域能源自给率，有利于优化能源生产和消费结构。

一、常规能源资源分析理论及方法

本节常规能源资源分析对象指传统化石能源和二次能源，包括煤炭资源、石油天然气资源、电力资源和热力资源。

（一）煤炭资源

我国的常规化石能源禀赋特点是富煤、贫油、少气，这就决定了煤炭在一次能源中的重要地位。截至2020年年底，全球已探明的煤炭储量为1.07万亿t，其中，美国是全球煤炭储量最丰富的国家，占全球资源的23.2%，俄罗斯占比15.1%，澳大利亚占比14%，中国占比13.3%，印度占比10.3%，以上5个国家储量之和约占全球总储量的76%。从供需角度来看，中国、日本、印度和韩国是煤炭主要进口国家，而印度尼西亚、澳大利亚、蒙古国、俄罗斯是主要的煤炭出口国。

我国煤炭资源丰富，但分布极不均衡。自然资源部发布的2020年全国矿产资源储量统计表显示，截至2020年年底，全国煤炭资源储量为1 622.88亿t。其中山西省煤炭储量达507.25亿t，占全国储量的31.26%，居全国之首。陕西省以

293.90亿t的储量居第二位,第三位是内蒙古自治区,储量为194.47亿t。煤炭储量在5亿t以下的省市有湖南、江苏、福建、青海、江西、重庆、北京、广西、浙江、西藏、湖北、广东、天津、上海、海南。

区域能源规划结合区域内煤炭供应方式及规模,可确定区域煤炭供应能力。

(二) 石油天然气资源

石油作为一种重要资源、战略储备物资,一直都受到各国关注。我国石油资源集中分布在渤海湾、松辽、塔里木、鄂尔多斯、准噶尔、珠江口、柴达木和东海陆架;天然气资源集中分布在塔里木、四川、鄂尔多斯、东海陆架、柴达木、松辽、莺歌海、琼东南和渤海湾。

从资源深度分布看,我国石油可采资源有80%集中分布在浅层($<2\ 000\ m$)和中深层($2\ 000\sim3\ 500\ m$),而深层($3\ 500\sim4\ 500\ m$)和超深层($<4\ 500\ m$)分布较少;天然气资源在浅层、中深层、深层和超深层分布却相对比较均匀。从地理环境分布看,我国石油可采资源有76%分布在平原、浅海、戈壁和沙漠,天然气可采资源有74%分布在浅海、沙漠、山地、平原和戈壁。从资源品位看,我国石油可采资源中优质资源占63%,低渗透资源占28%,重油占9%;天然气可采资源中优质资源占76%,低渗透资源占24%。

区域能源规划结合区域内石油供应方式及规模,可确定区域石油供应能力;结合区域内燃气供应方式(集中式、分布式)、燃气管网建设情况、气源、气站分布位置及规模,可确定区域燃气供应能力。

(三) 电力资源

电力行业是国民经济的基础产业、支柱产业和战略产业。近年来随着经济的发展，我国的电力发电量和用电量规模呈现不断增长态势。到目前我国已成为世界上最大的能源生产国和消费国。2021 年全国规模以上工业发电 81 122 亿 kW·h，同比增长 8.1%，比 2019 年同比增长 11.0%，两年平均增长 5.4%。

区域能源规划结合区域内电厂建设情况、电厂类型及规模，区域内 220 kV、110 kV、35 kV 及以下变电站及网架规划情况，可用容量和备用的回路数量，可分析区域内电力供应能力。

(四) 热力资源

随着我国经济的不断发展、城市化进程的加速、人民生活水平的提高，城市供暖发展迅速，尤其是城市集中供热需求量逐渐增多。城市集中供热根据供热的物质可以分为蒸汽供热和热水供热。根据国家统计局数据显示，2013—2020 年中国蒸汽、热水供热能力整体上呈现上升趋势，到 2020 年中国蒸汽供热能力为 103 471 t/h，同比上升 2.5%；到 2020 年中国热水供热能力为 566 181 MW，同比上升 2.84%。

区域能源规划结合区域内供热源位置、热力管网网架建设及规划情况、供热锅炉规模及数量，可分析区域内热源供热半径和供热能力。

二、清洁能源分析理论及方法

随着世界各国对能源需求的不断增长和环境保护的日益加强，清洁能源的推广应用已成必然趋势。清洁能源利用是我国节能减排的重要措施，一般而言，太阳能、风能、生物质能等主要可再生能源都具有储量大、密度低、利用困难等特点,这也是制约可再生能源规模化利用的重要原因。因此,对可再生能源的准确评估对后续的能源方案配置影响重大。本节将对各种清洁能源的资源条件、利用方式和资源评估进行说明。

(一) 太阳能资源

1. 太阳能资源条件

在化石能源日趋减少的情况下,太阳能已成为人类使用能源的重要组成部分,并不断得到发展。我国地处北半球,土地辽阔,有着丰富的太阳能资源。根据中国气象局风能太阳能资源中心、中国气象服务协会联合发布的《2020年中国风能太阳能资源年景公报》,2020年,全国陆地表面年平均水平面总辐照量为1 490.8 (kW·h)/m^2,其中,河北、内蒙古、天津、西藏、北京、新疆、云南、山西、四川、福建、吉林、陕西、广东接近常年(2010—2019年),辽宁、黑龙江偏大,其他地区偏小。2020年全国平均降水日数和降水量偏多可能是导致到达地表的太阳总辐射量略有减少的主要原因[14]。

同时,太阳能资源地区性差异较大,总体上呈现高原、少雨干燥地区大,平原、多雨高湿地区小的特点。其中,青藏高原最为丰富,年总辐射量超过1 800 (kW·h)/m^2,部分地区甚至超过2 000 (kW·h)/m^2。四川盆地资源相对较低,存在低于1 000 (kW·h)/m^2 的区域。

根据国家能源局的标准,太阳总辐射年辐照量划分为四个等级:最丰富(A)、很丰富(B)、较丰富(C)、一般(D)。

全国太阳辐射总量等级和区域分布如表4-1所示。

表 4-1　全国太阳辐射总量等级和区域分布表

等级	年总量/(MJ/m²)	年总量/[(kW·h)/m²]	年平均辐照度/(W/m²)	约占国土面积	主要地区
最丰富带	≥6 300	≥1 750	≥200	22.8%	内蒙古额济纳旗以西、甘肃酒泉以西、青海100°E以西大部分地区、西藏94°E以西大部分地区、新疆东部边缘地区、四川甘孜部分地区
很丰富带	5 040～6 300	1 400～1 750	160～200	44.0%	新疆大部、内蒙古额济纳旗以东大部、黑龙江西部、吉林西部、辽宁西部、河北大部、北京、天津、山东东部、山西大部、陕西北部、宁夏、甘肃酒泉以东大部、青海东部边缘、西藏94°E以东、四川中西部、云南大部、海南

续表

等级	年总量/ (MJ/m²)	年总量/ [(kW·h)/m²]	年平均辐照度/ (W/m²)	约占国土面积	主要地区
较丰富带	3 780~ 5 040	1 050~ 1 400	120~ 160	29.8%	内蒙古 50°N 以北、黑龙江大部、吉林中东部、辽宁中东部、山东中西部、山西南部、陕西中南部、甘肃东部边缘、四川中部、云南东部边缘、贵州南部、湖南大部、湖北大部、广西、广东、福建、江西、浙江、安徽、江苏、河南
一般带	<3 780	<1 050	<120	3.3%	四川东部、重庆大部、贵州中北部、湖北 110°E 以西、湖南西北部

太阳能禀赋估算可参考以下标准：《中华人民共和国气象法》《中华人民共和国标准化法》《太阳能资源测量总辐射》（GB/T 31156—2014）、《总辐射表》（GB/T 19565—2017）、《太阳能资源术语》（GB/T 31163—2014）、《太阳能资源数据准确性评判方法》（GB/T 34325—2017）、《太阳能资源等级总辐射》（GB/T 31155—2014）、《地面气象观测规范第 11 部分：辐射观测》（QX/T 55—2007）、《直接辐射表》（QX/T 20—2016）、《地面气象辐射观测资料质量控制》（QX/T 117—

2010)、《太阳能资源评估方法》(QX/T 89—2018)。

太阳能开发利用项目的成败在很大程度上取决于太阳能资源评估结果的准确度,因此太阳能资源评估的准确度成为太阳能资源开发利用的首要要求。区域的太阳能辐射数据可以从当地气象台站得到,也可以从省气象部门或国家气象局取得[15]。由气象部门得到的数据是水平面的数据,包括水平面直射辐射和散射辐射,从而得到水平面上总辐射量数据。除了购买气象台站辐射观测数据、现场设立辐射观测站外,还可以采用其他数据库获取辐射数据,包括美国的NASA、瑞士的Meteonorm、欧洲的SolarGIS等,其中来自瑞士的Meteonorm在国内光伏行业认可度较高、使用较多。

在太阳能光伏发电的实际应用中,为了得到更多的发电量和满足电池组件自清洁的需要,固定安装的太阳能方阵通常是倾斜的,这就需要计算出倾斜面上的太阳总辐射量(通常要高于水平面上的辐射量)。但是,这一计算过程非常复杂,所以人们常常直接采用水平面上的数据,或者采用经验系数的方法进行简单换算,这对计算的精度产生了影响。近年来,国内外不少科研人员和研发机构开发了一些软件,在解决此类计算问题的同时,其数据库中还往往储存大量不同地区的太阳辐射资料,有些还具有光伏系统分析设计功能。例如,上海电力大学开发的计算软件,可以方便地算出不同方位、各种倾斜面上的月平均太阳总辐射量。软件中已储存了全国多个地区的太阳辐射资料,既可直接调用、计算当地各种倾斜面上的太阳辐射量,又可直接计算当地全年或某月份的最大太阳辐射所对应的倾角大小。同类型软件还有加拿大政府开发的RETScreen清洁能源管理软件,中科院电工所的《光伏/风力发电系统优化配置与补贴测算工具》等。

2. 太阳能利用形式分析

太阳能开发方式多种多样，包括光热利用、光伏发电、光化利用、光生物利用。对于光化利用、光生物利用等方面的知识有许多的专著进行论述，为了保持本书的系统性，本节仅对太阳能光热利用和光伏发电进行简单归纳和描述。

光热利用的基本原理是将太阳辐射能收集起来，通过与物质的相互作用转换成热能加以利用。目前使用最多的太阳能收集装置，主要有平板型集热器、真空管集热器和聚焦集热器等3种。通常根据所能达到的温度和用途的不同，而把太阳能光热利用分为低温利用（<200 ℃）、中温利用（200~800 ℃）和高温利用（>800 ℃）。目前低温利用主要有太阳能热水器、太阳能干燥器、太阳能蒸馏器、太阳房、太阳能温室、太阳能空调制冷系统等，中温利用主要有太阳灶、太阳能热发电聚光集热装置等，高温利用主要有高温太阳炉等。

利用太阳能发电的方式有多种，目前已应用的主要有以下两种：光—热—电转换和光—电转换。光—热—电转换：即利用太阳辐射所产生的热能发电，一般是用太阳能集热器将所吸收的热能转换为工质的蒸汽，然后由蒸汽驱动汽轮机带动发电机发电。前一过程为光—热转换，后一过程为热—电转换。光—电转换：其基本原理是利用光生伏特效应将太阳辐射能直接转换为电能，它的基本装置是太阳能电池。

3. 太阳能资源评估方法

根据简单公式可以估算区域的太阳能光热或光伏的额定出力。根据太阳能辐射强度得到单位面积额定功率，除太阳辐射情况外，太阳能资源的评估还需了解区域内各类太阳能利用方式的可用面积，例如所需统计的可用屋顶面积情况、建筑结构和平面布置等。需要注意的是，屋顶光伏和光热均布置于屋顶时，存在相互竞争的关系，在太阳能资源预估时不可重复计算。

利用屋顶面积计算时需根据建筑占地面积和建筑屋顶坡度进行计算：

$$A_{ava} = \alpha \cdot D \cdot \frac{1}{\cos\theta} \cdot A_{grd}$$

式中：A_{ava} 为屋顶可利用面积，单位为 m^2；α 为可利用系数（典型值为 0.8）；D 为朝向系数（典型值为 0.5）；θ 为屋顶的水平夹角；A_{grd} 为建筑占地面积，单位为 m^2。通常为简化计算，可按 0.5 倍占地面积计算。

(1) 屋顶光伏出力的估算方法

屋顶光伏的装机功率 = $\sum$ 屋光伏可利用的屋顶面积 × 单位面积的额定功率

(2) 光伏幕墙出力的估算方法

光伏幕墙的装机功率 = $\sum$ 有效面积 × 单位面积额定功率

式中：有效面积 = $\sum \frac{1}{3} \times \sqrt{总宅地面积} \times 计算高度$。

(3) 光热出力的估算方法

光热的装机功率 = $\sum$ 可利用的屋顶面积 × 单位面积的额定功率

光伏出力受环境等因素影响存在波动性，不会一直处在额定工况运行，可以利用光伏发电模型来模拟一天内 24 小时段的光伏出力变化曲线，输入一般的气象预测数据后，结合光伏系统信息，得到光伏出力曲线，相关软件有美国的 HOMER、我国的 power 等。

（二）风力资源

1. 风能资源条件

风能是空气流动所产生的动能，是太阳能的一种转化方式。由于太阳辐射造成地球表面各部分受热不均匀，引起大气层内部压力分布不平衡，在水平气压梯度的作用下，空气沿水平方向运动形成风。风能储量大、分布广，虽然能量密度低且不稳定，但是作为一种重要的可再生能源得到了广泛开发利用。我国国土面积幅员辽阔、海岸线长，陆地面积约为 960 万 km^2，海岸线（包括岛屿）达 32 000 km，拥有丰富的风能资源，并具有巨大的风能发展潜力。

风能资源的区划主要考虑三个因素：一是风能密度和利用小时数，二是风能的季节变化，三是风力机最大设计风速（即极限风速）。国家气象局关于我国风能区划的划分方案，采用三级区划指标体系，对风能进行了区划（表 4-2）。

第一级区划指标是有效风能密度和全年 3~20 m/s 的年累计小时数。

第二级区划指标是一年四季中各季风能大小和有效风速出现的小时数，主要考虑一年四季中各季风能密度和有效风力出现小时数的分配情况。将各季有效风速累积小时数相加，按大小次序排列。其中，春季指 3、4、5 月，夏季指 6、7、8 月，秋季指 9、10、11 月，冬季指 12、1、2 月。分别以 1、2、3、4 表示春、夏、秋、冬四季。如果春季有效风速（包括有效风能）出现小时数最多，冬季次多，则用"14"表示；如果秋季最多，夏季次多，则用"32"表示；其余依此类推。

第三级区划指标是风力机最大设计风速，一般取当地最大风速。在此风速下，要求风力机能抵抗垂直于风的平面上所受到的压强。使风机保持稳定、安全，不致产生倾斜或被破坏。由于风力机寿命一般为20~30年，为了安全，取30年一遇的最大风速值作为最大设计风速。根据我国建筑结构规范的规定，"以一般空旷平坦地面、离地10 m高、30年一遇、自记10 min平均最大风速"作为计算标准。

表4-2 我国风能资源划分

第一级区划分类说明

分类	丰富区（Ⅰ）	较丰富区（Ⅱ）	可利用区（Ⅲ）	贫乏区（Ⅳ）
年有效风功率密度/（W/m²）	>200	200~150	150~50	<50
年风速≥3 m/s累计小时数/h	>5 000	5 000~3 000	3 000~2 000	<2 000
年风速≥6 m/s累计小时数/h	>2 200	2 200~1 500	1 500~350	<350
占全国面积达百分比/%	8	18	50	24

第二级区划分类说明

分类	1	2	3	4
季节	春	夏	秋	冬
月份/月	3、4、5	6、7、8	9、10、11	12、1、2

第三级区划分类说明

分类	特强压型a	强压型b	中压型c	弱压型d
最大风速/（m/s）	35~40	30~35	25~30	<25
瞬时风速/（m/s）	50~60	40~50	30~40	<30
说明	特强最大设计风速	强设计风速	中等最大设计风速	弱最大设计风速

注：以一般空旷平坦地面、离地10 m高、30年一遇、自记10 min平均最大风速。

我国的风能资源分布广泛，其中较为丰富的地区主要集中在东南沿海及附近岛屿，以及北部（东北、华北、西北）地区，内陆也有个别风能丰富点。此外，近海风能资源也非常丰富。

（1）沿海及其岛屿地区风能丰富带

沿海及其岛屿地区包括山东、江苏、上海、浙江、福建、广东、广西和海南等省（市）沿海近 10 km 宽的地带，年风功率密度在 200 W/m² 以上，风功率密度线平行于海岸线。

（2）北部地区风能丰富带

北部地区风能丰富带包括东北三省、河北、内蒙古、甘肃、宁夏和新疆等省（自治区）近 200 km 宽的地带。风功率密度在 200~300 W/m² 以上，有的可达 500 W/m² 以上，如阿拉山口、达坂城、辉腾锡勒、锡林浩特的灰腾梁、承德围场等。

（3）内陆风能丰富区

风功率密度一般在 100 W/m² 以下，但是在一些地区由于湖泊和特殊地形的影响，风能资源也较丰富。

（4）近海风能丰富区

东部沿海水深 5~20 m 的海域面积辽阔，但受到航线、港口、养殖等海洋功能区划的限制，近海实际的技术可开发风能资源量远远小于陆上。不过在江苏、福建、山东和广东等地，近海风能资源丰富，距离电力负荷中心很近，近海风电可以成为这些地区未来发展的一项重要的清洁能源。

同时，我国风能资源的季节性很强，一般春、秋和冬季丰富，夏季贫乏，不过风能资源的季节分布恰好与水能资源互补。我国水能资源是夏季丰富，在南方雨季大致是 3~6 月或 4~7 月，因此，风力发电可以在一定程度上弥补我国水电冬春两季枯水期发电电力和电量的不足。

　　受地理位置、地形、大气环流等因素影响，各地风能资源不尽相同。风能资源评估是分析区域长期的风能资源气象参数的过程。通过对当地的风速、风向、气温、气压、空气密度等观测参数分析处理，估算出风功率密度和有效年小时数等量化参数，确定区域的风能资源储量。风能资源的精细化评估，为风能资源的开发利用提供科学依据。现有的风能资源评估的技术手段有3种：基于气象站历史观测资料的评估、基于测风塔观测资料的评估及风能资源评估的数值模拟。基于测风塔观测数据建立不同的数学模型，将气象站和测风塔的观测数据转化为风能资源评估参数的方法为数理统计评估方法；利用计算机模拟技术结合测风塔观测数据、中尺度数据实现对近地层风能资源进行分析的方法为数值模拟评估方法。风能资源评估的主要特征参数包括：风速统计概率分布、风向、平均风功率密度、风能、有效风能、可利用小时数等。

　　区域风力数据获取同区域太阳能资源，可以从当地气象台站得到，也可以从省气象部门或国家气象局取得。除了购买气象站辐射观测数据、现场设立风塔观测站，还可以采用其他数据库获取风能数据。例如，北方大贤风电科技（北京）有限公司自主研发的大贤·风格是一款面向风资源评估人员和风电开发商的风资源评估系统，输入区域地理坐标，即可查看当地具体风资源信息。

　　某风资源评估系统结果显示如图4-1所示。

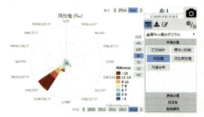 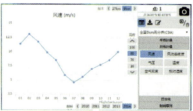

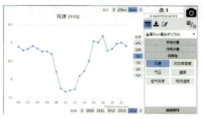

图 4-1　某风资源评估系统结果显示

2. 风能利用形式分析

人类历史上早就有风能利用的记载，公元前数世纪我国人民就利用风力提水、灌溉、磨面、舂米，用风帆推动船舶前进，风力发电、风力制热更是在近现代社会大力发展。其中风力发电已越来越成为风能利用的主要形式，发展迅速。本节仅对利用风力发电进行简单归纳和描述。

风力发电通常有三种运行方式：一是独立运行方式，通常是一台小型发电机向一户或几户提供电力，它用蓄电池蓄能，以保证无风时的用电；二是风力发电与其他发电方式（如柴油机发电）相结合，向一个单位或一个村庄或一个海岛供电；三是风力发电并入常规电网运行，向大电网提供电力，常常是一处风场安装几十台甚至几百台风力发电机。

根据机型，风力发电机可分为两类：水平轴风力发电机和垂直轴风力发电机。从结构分析，垂直轴风力机无需对风，不存在偏航功率损失；叶片设计简单，用料少、寿命长；机舱和齿轮箱可置于风轮下或地面，维修费用更低，系统稳定性更强；垂直轴风力机的噪音比水平轴更小，噪声污染降低。中小型风力发电机今后发展的主要方向还是垂直轴为主。因气象条件和土地限制，人口密集的地区风速变化大，对于可应用的风电设备降噪和外观有较高的要求，适宜布局小型风机。因此，小型风机，特别是小型垂直轴风机，其结构紧凑，能够方便灵活地安装在城区居民的房前屋后，或是楼顶、路灯顶部等，对周围空间的畅通影响不大，更适用于区域风能利用。

3. 风能资源评估方法

区域风能潜力可以根据区域的风功率密度分布情况、规划风能资源密度和可开发利用面积，然后结合区域年可发电小时数，对区域风力发电资源量进行估算。

$$E_{\mathrm{wind}} = A \cdot \alpha \cdot P_v \cdot T_v$$

式中：E_{wind}为风力发电机的年发电量；A为区域面积；α为可开发面积率；P_v为有效风速v下的风功率密度；T_v为有效风速v下的年累计小时数。

风电场的风速是随机变化的，根据大量实测数据分析结果表明，大部分地区的风速服从二参数的韦布尔分布，通过抽样得到风速值，判断是否处于风电机组正常的运行范围内，可以得出风电机组的功率输出模型：

$$P = \begin{cases} 0, & V \leqslant V_{\mathrm{ci}} \text{ 或 } V \geqslant V_{\mathrm{co}} \\ P_{\mathrm{r}} \dfrac{V - V_{\mathrm{ci}}}{V_{\mathrm{r}} - V_{\mathrm{ci}}}, & V_{\mathrm{ci}} \leqslant V \leqslant V_{\mathrm{r}} \\ P_{\mathrm{r}}, & V_{\mathrm{r}} \leqslant V \leqslant V_{\mathrm{co}} \end{cases}$$

式中：V_{ci}为切入风速；V_{co}为切出风速；V_{r}为额定风速；P_{r}为

风机的额定功率。

当风速很低时，风机保持不动，当达到切入风速时，风机开始转动并牵引发电机开始发电。随着风力越来越强，输出功率会增加。当风速达到额定风速时，风机会输出额定功率。当风速进一步增加，达到切除风速时，风机会刹车，不再输出功率，避免受损。

与光伏出力相似，受多种环境因素影响，风力发电存在波动性和随机性，需进行风力发电功率预测研究。利用风力发电模型来预测风力发电功率，输入历史数据、地形地貌、气象数据等，可对区域风力发电功率进行潜力评估，同样可利用HOMER、power等软件。

（三）地热资源

1. 地热资源条件

地热是指地下温度在25 ℃以上或高于当地恒温带10 ℃的水流或岩土层所蕴藏的热能，它作为一种清洁的可再生能源，具有巨大的市场潜力。我国土地辽阔，地热资源丰富，市场潜力巨大，发展前景广阔。我国独特的地质构造、地壳热状况及水文地质条件，决定了我国温泉地热资源的主要类型为断裂型，呈现出藏滇、滇川、东南沿海及台湾等几个温泉密集带，其他省份产出的温泉则多为中温温泉。据自然资源部中国地质调查局2015年调查评价结果显示，全国336个地级以上城市浅层地热能年可开采资源量折合7亿tce；全国水热型地热资源量折合1.25万亿tce，年可开采资源量折合19亿tce；埋深在3 000~10 000 m的干热岩资源量折合856万亿tce。

针对地热资源类型划分，国内外学者从不同角度出发，对地热资源进行了研究。根据地质环境和热量的传递方式，划分为对流型和传导型两大类；根据载体不同，划分为水热型、地压型、干热岩型和岩浆型地热系统四大类；根据赋存深度和温度，划分为浅层地热资源、水热型地热资源和干热岩三大类；根据热储温度分为低温、中温和高温。不同学者提出的储层温度划分界限不同，我国地热资源分布及温度分级见表4-3、表4-4。

表4-3 我国地热资源分布[16]

资源类型		分布地区
浅层地热资源		东北地区南部、华北地区、江淮流域、四川盆地和西北地区东部
水热型地热资源	中低温 沉积盆地型	东部中、新生代平原盆地，包括华北平原、河淮盆地、苏北平原、江汉平原、松辽盆地、四川盆地以及环鄂尔多斯断陷盆地等地区
	中低温 隆起山地型	藏南、川西和滇西、东南沿海、胶东半岛、辽东半岛、天山北麓等地区
	高温	藏南、滇西、川西等地区
干热岩资源		主要分布在西藏，其次为云南、广东、福建等东南沿海地区

表4-4 我国地热资源温度分级

温度分级		温度 t 界限/℃	主要用途
高温地热资源		$t \geq 150$	发电、烘干
中温地热资源		$90 \leq t < 150$	工业利用、烘干、发电
低温地热资源	热水	$60 \leq t < 90$	采暖、工艺流程
	温热水	$40 \leq t < 60$	医疗、洗浴、温室
	温水	$25 \leq t < 40$	农业灌溉、养殖、土壤加温

注：表中温度是指主要热储代表性温度。

按照我国政府制定的《地热资源地质勘查规范》（GB/T 11615—2010）的要求，地热资源的勘查分为普查、详查和勘探3个阶段。该规范尽管不包括干热岩型和浅层地热资源的勘查，对于水热型地热资源勘查，内容上也是比较全面的。

区域地热开发的可行性取决于当地地热资源条件，前期的地质论证工作十分重要，必须开展系统的地热低质勘察。目前我国对于地热能的资源勘查评价和科学研究还不充分。《中国地热能发展报告（2018）》白皮书表示，我国进行过两次全国性地热能资源评价，仅对少数地热田进行了系统勘查，研究基础薄弱，分省、分盆地资源评价结果精度较低，与发达国家相比存在明显差距。目前中国仅有实测大地热流数据1 230个，而美国实测的大地热流数据达17 000多个。在干热岩型地热能勘查开发方面，美国已进行40多年研究探索，取得多方面研究成果，德国、法国、英国、日本、澳大利亚等国也开展了卓有成效的工作，而中国才刚刚起步。最近5年，地热能的直接利用发展很快，尤其是地热供热、温泉疗养、游乐等发展迅速，规模不断扩大。

2. 地热能利用形式分析

我国在古代就有温泉使用的历史，是世界上利用地热资源较早的国家。根据国家发展和改革委员会对能源的分类，目前可利用的地热资源主要有浅层地热资源、水热型地热资源和干热岩资源三大类，针对各类地热资源，有不同的开发利用方式。（表4-5）

表 4-5　不同温度下地热能利用方式

温度/℃	地热能利用方式
200~400	直接发电及综合利用
150~200	双循环发电，制冷，工业干燥，工业热加工
90~150	双循环发电，供暖，制冷，工业干燥，脱水加工，回收盐类，罐头食品
60~90	供暖，温室，家庭用热水，工业干燥
40~60	医疗、沐浴、温室、供暖
20~40	农业灌溉，水产养殖，饲养牲畜，土壤加温，脱水加工

浅层地热资源指在太阳能辐射和地球深部热量形成的大地热流综合作用下，赋存于地球表层恒温带至 200 m 埋深的土壤、岩石和地下水中的资源，受太阳辐射的程度较小、温度相对稳定（一般恒定在 10~25 ℃）。此类资源分布范围广、埋藏浅、储量大，主要利用热泵技术和土壤源地埋管技术来实现能量的提取和置换。热泵技术已基本成熟，简易便利，经济成本低，利用的同时不产生相应的有害气体。区域可利用地源热泵、浅层水源热泵、地表水源热泵等方式冷暖双制地热利用。值得注意的是，寒冷地区的地埋管地源热泵系统在冬季供暖的能效水平较低，不可"一窝蜂"地上土壤源热泵系统。

水热型地热资源也被称为常规地热资源，一般以热水形式埋深在 200~3 000 m 深度范围内，主要包括高温的岩浆型、中低温的隆起断裂型及沉降盆地型资源，通常情况下，可以通过人工钻井的方法来对其中的地热流体进行直接利用。高温岩浆型地热资源温度一般大于 150 ℃，主要通过成熟、经济地高温干蒸汽发电技术来进行发电和工业利用，高温湿蒸汽技术次之；中低温隆起断裂型及沉降盆地型资源温度一般为 40~

150 ℃，含有多种矿物成分，用来发电的技术成熟度和经济性较低，一般直接用于采暖、矿产提取、医疗洗浴、养殖种植等，方式简单且经济性好。近年来综合利用与梯级利用技术使得地热资源开发用率和技术含量不断提高，由粗放型转向集约型，减少了不必要的能源浪费，提高了地热资源利用的经济效益，社会效益与环境效益也明显提高。

干热岩的埋深一般大于 3 000 m，温度超过 150 ℃，成因类型多样，主要用于发电，也可以用于供暖、强化石开采等，应用潜力巨大，发电成本较低。干热岩地热利用还处于研发阶段，我国"十三五"期间开展干热岩开发试验工作，建设干热岩示范项目。对于我国干热岩的发展，中国科学院院士、中国地源热泵产业联盟名誉理事长汪集旸表示应持谨慎态度，"干热岩开发需求是第一位的，地热还要做社会科学，特别要做地热经济学，投入产出比要最高"。区域综合能源规划考虑到现阶段技术发展可暂不考虑干热岩地热利用。

3. 地热能资源评估方法

地热资源评估受当地地形影响，本节以浅层地热能资源评估为例，介绍地热能资源评估方法。结合土壤参数的定义，利用地表温度和地下温度进行估算。假设钻孔的深度在 400 m，地热的能源利用是从表面到 400 m 的深度，在此基础上，通过增加地面温度 +0.03 $\dfrac{K}{m}$，底下 400 m 的温度可以被估算在地表温度的基础上。通过全国太阳地表图集，估算该区域的年平均地表温度。在此基础上，根据地面参数，确认双管模型的设计参数。

基于此，可以估算总的地热潜力。首先需要确定钻孔换热器可用空间的总功率，因此需要通过土地空间规划，估算区域内可大面积自由利用的空间。每个钻孔热交换器之间的距离，一般推荐最小距离为 3~6 m，平均最小推荐距离为 4.5 m，则钻孔的数量为

$$N_{\text{boreholes}} = \left(\frac{可钻孔的面积}{4.5}\right)^2$$

据此，可以估算出热泵蒸发器的总平均加热功率＝钻孔数量×热泵的额定功率。

根据地理位置和岩土边界条件，确定开展浅层地热资源，确认区域使用的地热技术，确认浅层地热资源更具有普遍推广意义，再利用地源热泵，可用于加热和制冷。综合系统平均 COP 系数，地源热泵发电机组可提供超过额定功率/COP 的供暖制冷量。

（四）生物质资源

生物质是指利用大气、水、土地等通过光合作用而产生的各种有机体，即一切有生命的可以生长的有机物质通称为生物质。它包括植物、动物和微生物。生物质资源广义概念是指包括所有的植物、微生物，以及以植物、微生物为食物的动物及其生产的废弃物。有代表性的生物质如农作物、农作物废弃物、木材、木材废弃物和动物粪便。它的狭义概念主要是指农林业生产过程中除粮食、果实以外的秸秆、树木等木质纤维素（简称木质素），农产品加工业下脚料，农林废弃物及畜牧业生产过程中的禽畜粪便和废弃物等物质。它具有可再生、低污染、分布广泛的特点。

依据来源不同，可以将适合于能源利用的生物质分为林业资源、农业资源、生活污水和工业有机废水、城市固体废弃物

和畜禽粪便等五大类。

林业生物质资源是指森林生长和林业生产过程提供的生物质能源，包括薪炭林、在森林抚育和间伐作业中的零散木材、残留的树枝、树叶和木屑等；木材采运和加工过程中的枝丫、锯末、木屑、梢头、板皮和截头等；林业副产品的废弃物，如果壳和果核等。其中，柴薪和林木生物质能实物量计算方法如下：

$$E_{FR} = \sum_{i=1}^{n} Q_{FR_i} \times r_{FR_i} \times \mu_{FR_i} \times \varphi_{FR_i}$$

式中：E_{FR} 是农作物残余物能源资源量，单位为 kJ；Q_{FR_i} 是第 i 种农作物产量，单位为 kg；r_{FR_i} 是第 i 类农作物的谷草比系数；μ_{FR_i} 是第 i 类农作物残余物的能源折算系数，单位为 kJ/kg；φ_{FR_i} 是第 i 类农作残余物作为能源利用的可获得系数，秸秆作为能源利用的可获得系数为 50%。

农业生物质能资源是指农业作物（包括能源作物）；农业生产过程中的废弃物，如农作物收获时残留在农田内的农作物秸秆（玉米秸、高粱秸、麦秸、稻草、豆秸和棉秆等）；农业加工业的废弃物，如农业生产过程中剩余的稻壳等。能源植物泛指各种用以提供能源的植物，通常包括草本能源作物、油料作物、制取碳氢化合物植物和水生植物等若干类。秸秆和农作物加工剩余能源资源量的资源潜力计算方法如下：

$$E_{CR} = \sum_{i=1}^{n} Q_{CR_i} \times r_{CR_i} \times \mu_{CR_i} \times \varphi_{CR_i}$$

式中：E_{CR} 是林木/薪柴的能源资源量，单位为 kJ；Q_{CR_i} 是第 i 种林木/薪柴的资源量，单位为 kg；r_{CR_i} 是第 i 种林木/薪柴的折算系数；μ_{CR_i} 是第 i 种林木/薪柴的能源折算系数，单位为 kJ/kg；φ_{CR_i} 是第 i 种林木/薪柴的作为能源利用的可获得系数，薪柴作为能源利用的可获得系数为50%。

生活污水主要由城镇居民生活、商业和服务业的各种排水组成，如冷却水、洗浴排水、盥洗排水、洗衣排水、厨房排水、粪便污水等。工业有机废水主要是酒精、酿酒、制糖、食品、制药、造纸及屠宰等行业生产过程中排出的废水等，其中都富含有机物。生活污水测算方法如下：

$$Q_s = \frac{Kq_s V}{1\ 000}$$

式中：Q_s 是生活污水排放量，单位为 t/d；q_s 是每人每天生活用水定额量；V 是生活区总人数；K 是生活污水排污率。

城市固体废弃物主要是由城镇居民生活垃圾，商业、服务业垃圾和少量建筑业垃圾等固体废弃物构成。其组成成分比较复杂，受当地居民的平均生活水平、能源消费结构、城镇建设、自然条件、传统习惯及季节变化等因素影响。其中城市生活垃圾产量预测方法一般有人均指标法和增长率法；工业固体废弃物的产量有单位产品法和万元产值法。应用人均指标和单位产品产量计算方法如下：

$$Q_t = Q_{st} + Q_{it}$$
$$Q_{st} = q_t \times V$$
$$Q_{it} = \sum_{i=1}^{n} q_{it} \times P_i$$

式中：Q_t、Q_{st} 和 Q_{it} 分别是城市固体废物总量、城市生活固体废弃物产量和工业固体废弃物产量；q_t 和 q_{it} 分别是人均和单位产品废弃物产量；V 是生活区总人数；P_i 是第 i 种产品产量。

畜禽粪便是畜禽排泄物的总称，它是其他形态生物质（主要是粮食、农作物秸秆和牧草等）的转化形式，包括畜禽排出的粪便、尿及其与垫草的混合物。畜禽粪便类资源量估算：

$$E_{\mathrm{M}} = \sum_{i=1}^{n} x_{\mathrm{M}_i} \times M_{\mathrm{M}_i} \times \mu_{\mathrm{M}_i} \times \varphi_{\mathrm{M}_i}$$

式中：E_{M} 是畜禽粪便的能源资源量，单位为 kJ；x_{M_i} 是第 i 类畜禽的个数，单位为只；M_{M_i} 是第 i 类畜禽在整个饲养周期内粪便排放量，单位为 kg；μ_{M_i} 是第 i 类畜禽粪便的能源转换系数，单位为 kJ/kg；φ_{M_i} 是粪便作为能源的可获得率，一般取 33%；n 是畜禽的种类。

传统的垃圾处理采用填埋的方式，但由于城市垃圾的剧增，堆放和处理的场地日益减少，以及处理不当造成土壤和地下水的严重污染。20 世纪 80 年代后，世界各国垃圾处理技术有了新的发展，填埋及沼气发电、垃圾堆肥、垃圾焚烧发电是较流行的 3 种处理方法。此处特别说明垃圾焚烧法，焚烧法处理城市生活垃圾是一项高温热化学处理技术，是将生活垃圾作为固体燃料送入焚烧炉膛内，在鼓入助燃空气和 850 ℃ 以上的高温条件下，生活垃圾中的可燃成分与空气中的氧进行剧烈的化学反应，放出热量，用于供热核发电。同时，垃圾经过焚烧处理后可用减容 80%~90%，减重 70%~75%。城市固体垃圾焚烧发电的资源量估算公式为

$$E_{\mathrm{MSW}} = \frac{G_{\mathrm{MSW}} \times Q_{\mathrm{LHV}} \times \mu_{\mathrm{MSW}}}{3.6}$$

式中：E_{MSW} 是垃圾焚烧发电量，单位为 kW·h；G_{MSW} 是垃圾焚烧量，单位为 kg；Q_{LHV} 是垃圾焚烧热值，单位为 kJ/kg；μ_{MSW} 是垃圾焚烧转换效率。

垃圾热值估算方法系数如表 4-6 所示。垃圾焚烧炉规模与发电效率的关系如表 4-7 所示。

表4-6 垃圾热值估算方法系数表

基准值/（kJ/kg）	6 280			
影响因素分类	一类	二类	三类	四类
城市人口数/万人	>1 000	500~999	200~499	<200
城镇居民人均消费水平/（元/a）	>15 000	12 000~14 999	8 000~11 999	<8 000
年降水量/（mm/a）	>1 500	1 000~1 499	500~999	≤500
城市人口数影响系数	1	0.95	0.9	0.85
城镇居民人均消费水平影响系数	1	0.95	0.9	0.85
年降水量影响系数	0.85	0.9	0.95	1

表4-7 垃圾焚烧炉规模与发电效率的关系表

垃圾焚烧炉规模/（t/d）	>1 000	600~999	200~599	<200
发电转换率	0.256	0.244	0.233	0.221

在城市中垃圾填埋气估算的模型有很多，理论模型包括动力学模型、化学方程式模型、可生物降解成分模型等，经验模型包括Land GEM模型、Scholl Canyon模型等。联合国政府间气候变化专门委员会推荐IPCC（2006）模型。

垃圾填埋厂产气阶段所持续时间受填埋垃圾的可生物降解性、温度、湿度、初始压实程度及能够得到营养物质等因素的影响。IPCC模型是联合国政府间气候变化委员会《国家温室气体排放清单》中提出的填埋气产生量估算模型：

$$Q = \sum_x [A \times k \times MSW_T(x) \times MSW_F(x) \times L_0(t)] e^{-k(t-x)}$$

式中：Q 为第 t 年的甲烷产量；$MSW_T(x)$ 为城市固体废物产生总量；$MSW_F(x)$ 为垃圾填埋率；$A = (1-e^{-k})/k$，为修正总量的归一化因子，k 为甲烷产生速率；L_0 为产甲烷潜能。

$$L_0 = MCF_{(t)} \times DOC_{(t)} \times DOC_f \times F \times \frac{16}{12}$$

式中：$MCF_{(t)}$ 为第 t 年的甲烷修正因子；$DOC_{(t)}$ 为第 t 年的可降解有机碳含量比例（%）；DOC_f 为可降解有机碳降解百分比（%）；F 为填埋气中甲烷所占的比例（%）。

k 值大小由垃圾湿度、产甲烷的微生物是否有足够的应用、pH 和温度等因素决定。k 值越高，填埋场总体甲烷产生量在填埋垃圾时期就会上升得越快，同时在到达产气高峰后下降得越快。表 4-8 给出了三个气候区域的 k 值的推荐值。

表 4-8 不同气候区域的 k 值推荐值

气候区域	k/（1/a）
寒冷干燥	0.04
寒冷潮湿	0.11
炎热潮湿	0.18

$MSW_T(x) \times MSW_F(x)$ 为垃圾填埋量，可根据城市生活垃圾填埋量实际统计结果确定。

填埋场可回收气体的多少直接关系到利用方式合理效率，确定本填埋厂气体的收集率一般为 60%。最终甲烷的最大可回收量=填埋气产生量×收集率。

填埋气发电方式中燃气内燃机发电具有技术要求低、一次投资少、热能利用效率高、经济效益好等优点。推荐用燃气内燃机发电作为填埋气的利用方式。

填埋气发电规模确定的原则是依据填埋场的垃圾总库容、现有的垃圾量、垃圾日均处理量进行总体规划，依据填埋气的产量及收集率确定发电机组，以气定电，保持适度的弹性，确保机组投入发电。例如，填埋气中甲烷的含量为 50%，每立方米甲烷能产生 10 kW·h 电能，发电效率为 36%，年发电时间为 8 000 h，可估算垃圾填埋气发电厂的装机容量及发电量。

(五) 余热余能资源

我国正处于工业化的加速期，能源供求矛盾日益突出，并且存在高耗能产业结构不合理，能源利用效率低，节能减排工作基础薄弱等问题，导致工业领域生产工艺和技术落后，低品位的余压余热资源大量浪费。据统计，我国各主要工业部门余热资源率平均达 7.3%，余热资源回收率仅仅有 34.9%。因此，从另一角度来说，我国工业余热资源分布广泛，存量丰富。

目前，工业余热资源的价值评价以其温度水平为主要考虑因素，分为高温、中温和低温余热资源。当前余热资源利用主要着眼于中高温余热资源的显热回收，余热资源温度越高，则其回收技术越成熟，能源利用效率越高。由于低品位余热资源回收难度大，回收成本高等，实际工业生产过程中，企业针对回收低温余热资源重视程度不足，回收积极性不高，造成能源大量浪费。

1. 高温余热资源评估（600 ℃ 以上）[17]

高温余热主要来源于钢铁、化工、机械和冶金行业厂房，具体类型及温度如表4-9所示。

表4-9 高温余热资源情况

行业	余热资源类型	温度/℃
钢铁	钢坯加热炉排放烟气	900~1 200
化工	大型乙烯装置裂解气	800
化工	合成氨气化炉裂解气	1 350
机械	锻件加热炉烟气	1 000 以上

续表

行业	余热资源类型	温度/℃
冶金	炼铜反射炉排放烟气	1 100~1 300
	镍精炼炉排放烟气	1 400~1 600
	炼锌炉排放烟气	1 000~1 100

对区域高温余热资源评估,需要调研区域内是否已有或规划有相关工厂,对各家工厂进行进一步调研,包括其余热资源类型、品味、规模、可利用性,工厂的地理位置等。

2. 中温余热资源评估（300~600 ℃）

相比于高温余热资源,中温余热来源更加广泛,资源类型以各类排放的蒸汽和烟气为主,具体来源和温度分布情况如表4-10所示。

表4-10 余热资源情况

行业	余热资源类型	温度/℃	压力/MPa
钢铁	焦炭干熄焦技术产生蒸汽	450	3.82
	烧结矿环冷技术产生蒸汽	375	1.95
水泥	水泥窑烟气	320~340	1.0~1.6
	回转窑烟气	500~600	
玻璃	玻璃熔窑烟气	400~500	1.6~4.0
化工	炼油、石油化工换热器排放烟气	300~450	
机械	热处理炉烟气	425~650	

类似地,对区域内中温余热资源的评估也需要了解区域内相关行业工厂的建设和规划情况。

3. 低温余热资源评估（300 ℃以下）

低温余热的资源类型主要也是以工业生产环节中的蒸汽、烘干过程中的余热为主,具体来源及温度如表4-11所示。

表 4-11 低温余热资源情况

行业	余热资源类型	温度/℃	压力/MPa
钢铁	电炉烟产生蒸汽	200	1.6
	加热炉烟产生蒸汽	175	0.8
电力	火电站锅炉排放烟气	130~150	
陶瓷	窑炉尾气	200~300	
造纸	锅炉烟气	170	
	用气设备排放的饱和冷凝水	100 以上	

类似地，对区域内低温余热资源的评估也需要了解区域内相关行业工厂的建设和规划情况。

第五章 区域能源规划系统分析理论及方法

能源系统规划是基于对用户的能源需求和资源禀赋特点进行深入分析，对区域未来能源系统提出优化配置方案，引导能源基础设施的布局和建设，对区域城市能源、减少二氧化碳排放有重要意义。

一、模型概述

与传统能源系统（图 5-1）相比，综合能源系统（图 5-2）是在过去各个独立运行的传统能源系统的基础上，通过灵活多样的能源间转换技术，经济合理的储能设备，精准智能的管控调度系统，高效节能的新型用能设备的推广应用，实现多种能源设备间、传输网络间的融合互补，为用户提供更加便利、经济、多样化的能源消费形式选择，从而实现整个区域能源体系的高效、清洁、安全、经济的运行。[18]

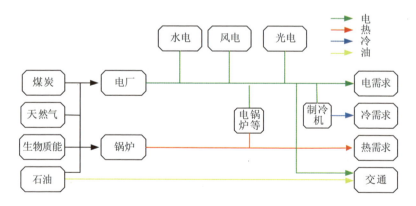

图 5-1　传统能源系统图

图 5-2 综合能源系统图

综合能源系统规划优化被认为是进一步发挥综合能源系统的多能互补性、协同性优势的重要环节[19]。规划优化模型通过输入需求曲线、技术参数、经济参数和天气参数等情况，对系统进行配置、容量和调度方面的优化，如图 5-3 所示。

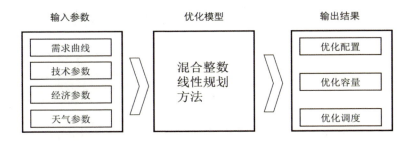

图 5-3 综合能源系统优化

二、关键技术

（一）可再生能源技术

可再生能源是来自大自然的，所以可以再生，被认为是"取之不尽，用之不竭"的能源。常见的可再生能源有太阳能、风力、地热能、生物质能等。可再生能源往往具有小容量、分散、环境友善、清洁的特点,其中用户侧可再生能源成为可再生能源及分布式能源技术的重要分支。目前分布式可再生能源的最主要方式是分布式可再生能源发电供热,最具代表的就是风能发电、太阳能发电和太阳能供热。

光伏发电是利用半导体界面的光生伏特效应而将光能直接转变为电能的一种技术。其装置主要由太阳电池板(组件)、控制器和逆变器三大部分组成,一般搭配辅助发电系统,如图5-4所示。太阳能电池经过串联后进行封装保护可形成大面积的太阳电池组件,再配合上功率控制器等部件就形成了光伏发电装置。目前,光伏发电技术的应用形式主要有集中式和分布式。其中,大规模集中式光伏发电多应用于荒漠地区,利用丰富且相对稳定的太阳能资源构建大型光伏电站,接入高压输电系统供电。分布式光伏安装较灵活,一般在用户场地附近建设即可,运行方式以用户侧自发自用、多余电量上网为主。在城市范围的应用包括屋顶光伏、路面光伏、光伏雨棚、光伏幕墙、渔光互补等具体形式。

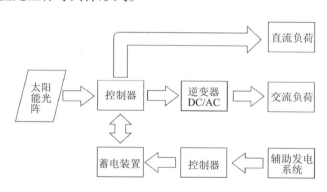

图5-4 光伏发电系统原理图

风力发电的原理是利用风力带动风车叶片旋转,再透过增速机将旋转的速度提升,来促使发电机发电,如图5-5所示。

风力发电按机组容量划分：0.1~1 kW的小型机组、1~1 000 kW的中型机组、1~10 MW的大型机组、10 MW以上的特大或巨型机组；根据风力发电机的运行特征和控制方式分为恒速恒频风力发电系统和变速恒频风力发电系统；根据运行方式可分为离网型和并网型风力发电系统；按变换器功率并流技术可分为交-交变换系统、交-直-交变换系统、混合式变换系统、矩阵式变换系统和多电平谐振变换系统。小型垂直轴风机采用桶形转子和双螺旋设计，特别适合于风向多变的地区。城区推荐建设小型垂直轴风机。

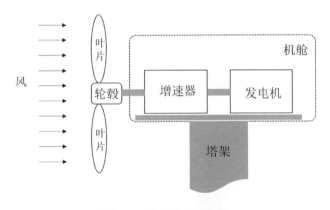

图5-5　风力发电原理图

太阳能供暖是一种利用太阳能集热器收集太阳辐射并转化为热能供暖的技术。太阳能采暖一般由太阳能集热器、储热水箱、连接管路、辅助热源、用户系统及控制系统组成，如图5-6所示。太阳能供暖系统能够用太阳能集热器收集太阳辐射并转化成热能，以液体作为传热介质，以水作为储热介质，热量经由散热部件送至室内进行供暖或供生活热水。

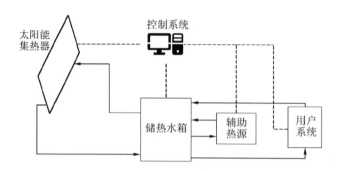

图 5-6 太阳能供暖系统原理图

(二) 热电联产技术

热电联产机组 (图 5-7) 是指在同一电厂中完成发电和供热两种能源形式的供应,是当前电热能源系统集成乃至综合能源系统集成的核心主体。热电联产机组包含燃气轮机和内燃机,其输入能源均为天然气,输出能源可为电、热、冷多种形式。

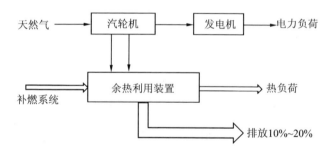

图 5-7 热电联产系统简图

冷热电三联供机组分为背压式和抽气式两种机组类型。背压式机组利用发电机组低压缸的排气进行供热,低温低压蒸汽直接进入热网交换器,释放热量后冷凝并回到锅炉进入下一循环过程。背压方式中,由于蒸汽比例不可调节,热电联产机组发电量和供热量存在线性依赖关系,调节性能较差;但由于发电余热被完全利用，因此能源转化效率较高，抽气机组锅炉产生的高温高压蒸汽首先进入高压缸、中压缸做功，而在热蒸汽进入低压缸之前将部分蒸汽抽出送入热网交换器进行供热，另一部分送入低压缸做功，尾气进行冷凝并送入新的循环。相比背压式机组，抽气式机组具有较好的运行灵活性，在给定热力供应的情况下仍有一定的发电出力调节能力，是我国热电联产机组的主要类型。抽气机组低压缸排气进入冷凝系统，形成了能量浪费，因此抽气式机组抽气比例越高、进入凝结器的蒸汽量越少，能量利用率越高。当蒸汽全部进入热网交换器时，抽气机组处于背压运行状态，达到效率最高值。

（三）供热技术

供热需求主要包括工艺蒸汽、暖通供暖和生活热水。其中，工艺蒸汽可由锅炉或热电三联产供应；暖通热水也可由锅炉或热电联产余热供应，也可由各种热泵供应。生活热水可由电加热、热泵和太阳能光热供应。这里主要介绍锅炉和热泵技术。

锅炉是一种常见的能量转换设备，向锅炉输入的能量有燃料中的化学能、电能，锅炉输出具有一定热能的蒸汽、高温水或有机热载体。锅炉有燃油锅炉、燃煤锅炉、生物质锅炉、燃气锅炉和电锅炉等，目前常用的是生物质锅炉、燃气锅炉和电锅炉。其中，电锅炉也称电加热锅炉、电热锅炉，顾名思义，它是以电力为能源并将其转化成为热能，从而经过锅炉转换，向外输出具有一定热能的蒸汽、高温水或有机热载体的锅炉设备。电锅炉的工作原理（图5-8）是把电极插入水中，利用水的高热阻特性，直接将电能转换为热能，在这一转换过程中能量几乎没有损失。

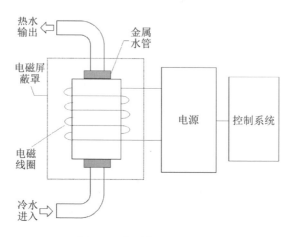

图 5-8　典型电锅炉原理图

热泵是欧美国家广泛使用的先进分散式采暖热源技术，其工作机制是从自然界中获取杂散的、低品位的热能，通过做功，以逆卡诺循环的方式向室内输出高品位的热能。按照热源的不同，可分为空气热泵、地源热泵及水源热泵三种形式。热泵的驱动方式包括燃料驱动和电力驱动两种形式，但一般多采用电力驱动模式。热泵供暖—制冷原理如图 5-9 所示。

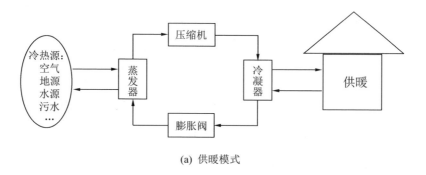

(a) 供暖模式

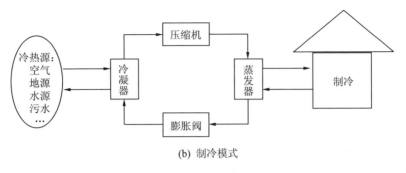

(b) 制冷模式

图 5-9 热泵供暖—制冷原理图

热泵技术依据来源可分为地源热泵技术、空气源热泵技术、水源热泵技术、污水源热泵技术等。热泵技术是一种充分利用低品位热能的高效节能装置，它在非常低的温度水平下进行供热。空气源热泵以极少的电能，吸收空气中大量的低温热能，通过压缩机的压缩变为高温热能，传输至水箱，加热热水，所以它能耗低、效率高、速度快、安全性好、环保性强，可以源源不断地供应热水。作为热水系统，它具有无可比拟的优点。但空气源热泵的一个主要缺点是供热能力和供热性能系数随着室外气温的降低而降低，所以它的使用受到环境温度的限制，一般适用于最低温度在-10℃以上的地区。将热泵技术与太阳能结合供应热水，这样空气源热泵无疑就是一种比较理想的辅助加热设备。地源热泵主要以近地表层土壤为其吸收热量或排放热量的热源。在冬天，地源热泵从土壤中吸取热量，供给热泵的蒸发器，经压缩机提高温度后，传到热泵的冷凝器，向房屋供热；在夏天，地源热泵通过其蒸发器从房屋内吸收热量，经压缩机、冷凝器排放到土壤中。因为土壤温度全年基本维持不变，热泵系统的操作可以设计得十分精确，使得工作稳定而高效。水源热泵的低位热源一般是从地表水、水井或废弃的矿井中抽取的地下水。热泵机组冬季从提供的水源中吸热，提高品位后，对建筑物供暖，把低位热源中的热量转移到需要供热和加湿的地方，取热后的水源通过回水管流到原处；夏季，整个过程则相反，水源热泵将室内余热转移到低位热源中，达到降温或制冷的目的。污水源热泵是污水热能利用的一种形式，是将低位热能用热泵提升为高位热能加以利用。主要工作原理是借助污水源热泵压缩机系统，消耗少量电能，在冬季把存于水中的低位热能"提取"出来，为用户供热，夏季则把室内的热量"提取"出来，释放到水中，从而降低室温，达到制冷的效果。其能量流动是利用热泵机组所消耗能量（电能）吸取的全部热能（电能与吸收的热能之和）一起传输至高温热源，而起所消耗能量作用的是使介质压缩至高温高压状态，从而达到吸收低温热源中热能的作用。各种热泵机组优缺点比较如表5-1所示。

表 5-1　各种热泵机组优缺点

具体方式	优点	缺点
空气源热泵	效率较高，适用性广，受地域限制小；可常年供热和制冷	供暖效率随室外温度下降而下降，不适宜于严寒区域使用；户用系统的设备可靠性和易维护性有待提升
水源热泵	水热容量大、传热性能好，一般水源热泵制冷供热效率高于空气源热泵	受水源限制
地源热泵	节能、环保，运行效率高，能效比大于4，可将电能高效地转换为热能；适合集中式及分散式供热	一次性投资及运行费用高，可能带来地质环境问题；有安装场地要求及钻井许可；一般不适合土壤比较松软的地区或岩石比较多的地区
污水源热泵	充分利用污水余热，效率高	受水质影响大，容易出现设备故障等问题

（四）制冷技术

制冷主要是为了满足工艺性制冷和暖通空调需求。热泵和制冷机是常用的关键技术和设备。其中，制冷机是将被冷却物体或被冷却环境的热量转移给制冷剂，从而使得被冷却物体或环境获得冷量（体现为温度下降）的机器设备。制冷机内用于吸收被冷却物体或被冷却环境的热量的工质称为制冷剂，从被冷却物体或环境转移到制冷剂的热量称为冷量。应用较为广泛的制冷机种类包括压缩式制冷机和吸收式制冷机。

压缩式制冷机由压缩机、冷凝器、回热器、膨胀机和冷箱等组成，按所用制冷剂的种类不同可分为气体压缩式制冷机和蒸气压缩式制冷机两类。现以气体压缩式制冷机工作原理（图 5-10）为

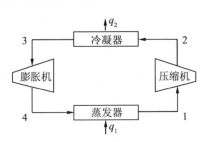

图 5-10　压缩式制冷机工作原理

例，经压缩机压缩的气体先在冷凝器中被冷却，向冷却水（或空气）放出热量，然后流经回热器被返流气体进一步冷却，并进入膨胀机绝热膨胀，压缩气体的压力和温度同时下降。气体在膨胀机中膨胀时对外做功，成为压缩机输入功的一部分。同时膨胀后的气体进入冷箱，吸取被冷却物体的热量，即达到制冷的目的。此后，气体返流经过回热器，同压缩气体进行热交换后，又进入压缩机中被压缩。气体制冷机都应采用回热器，这不但能提高制冷机的经济性，而且可以降低膨胀机前压缩气体的温度，因而降低制冷温度。气体制冷机能达到的制冷温度范围较宽，从高于 0 ℃到低于 −100 ℃；制冷温度较高时其经济性较差，但当制冷温度低于 −90 ℃时其经济性反而高于蒸气

制冷机。

吸收式制冷机由发生器、冷凝器、蒸发器、吸收器、循环泵、节流阀等部件组成，工作介质包括制取冷量的制冷剂和吸收、解吸制冷剂的吸收剂，二者组成工质对。吸收式制冷的基本原理（图 5-11）一般分为以下几个步骤。

①利用驱动热源（如水蒸气、热水及燃气等）在发生器中加热具有一定浓度的溶液，使溶液中大部分低沸点制冷剂蒸发。

②制冷剂蒸气进入冷凝器中，被冷却介质冷凝成制冷剂液体，再经节流器降压到蒸发压力；制冷剂经节流进入蒸发器中，吸收被冷却系统中的热量而激化成蒸发压力下的制冷剂蒸气。

③在发生器中经发生过程剩余的溶液（高沸点的吸收剂及少量未蒸发的制冷剂）经吸收剂节流器降到蒸发压力进入吸收器中，与从蒸发器出来的低压制冷剂蒸气相混合，吸收低压制冷剂蒸气，并恢复到原来的浓度。

④吸收过程往往是一个放热过程，故需要在吸收器中用冷却水来冷却混合溶液；在吸收器中恢复了浓度的溶液又经溶液泵升压后送入发生器中继续循环。

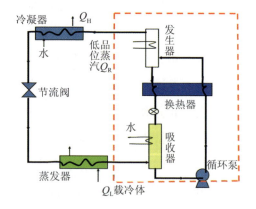

图 5-11 吸收式制冷机工作原理

（五）储能技术

储能是指通过某种方法实现对能量的存储，并在需要时进行释放的一系列相关技术。储能技术主要包含储电技术、储热技术、储冷技术和储气技术等。储能应用于电力系统，可以改变电能生产、输送与消费必须同步完成的严苛要求。同时，储能技术在接纳风电、太阳能发电等间歇性新能源入网方面也发挥着不可或缺的重要作用。此外，储能的作用还包括削峰填谷、提高设备利用效率、延缓建设投资、增强系统安全性等方面。储能应用于供冷、供热系统时，可为管网系统提供额外的缓冲，或为用户提供备用的冷、热源，保障用户的可靠供冷、供热。储能应用于天然气、氢气系统时，能够提供安全供应保障和应急供应保障，提高用户能源消费的可靠性。

储能技术按照储存介质进行分类，可以分为物理储能、电气类储能、电磁学类储能、冷热储能和化学类储能。物理储能以水、空气等为储能介质，通过储能介质将电能转换为动能或势能，常见技术有抽水蓄能、压缩空气储能、飞轮储能等。电化学储能通过储能介质将电能以电化学能的形式进行存储，充放电过程伴随储能介质的电化学反应或变化，常见技术是锂离子电池、铅酸电池、钠硫电池、全钒液流电池等。电磁储能是将能量以电磁能的方式进行储存的技术，主要技术包括超导储能、超级电容器储能等。冷热储能是利用储热或储冷介质将能量以冷热形式进行储存的技术，主要技术包括显热储能、相变（潜热）储能和热电化学储热，其中储冷技术是热储能的一种特殊形式。化学储能主要是指利用氢或合成天然气作为二次能源的载体，主要技术包括储气、储氢。常见的储能技术类型及特点如表5-2所示。

表 5-2 常见的储能技术类型及特点

技术类型	储能介质	功率等级	容量	单位容量价格/[元/(kW·h)]	体积功率密度/(kW/m³)	体积能量密度/[(kW·h)/m³]	安全性	循环寿命/次	能量转换效率/%	寿命/a
压缩空气储能	空气	350 kW~300 MW	10~3 000 kW·h	2~50	0.2~10	2~60	高	>10 000	41~53	30~50
飞轮储能	飞轮	5 kW~2 MW	1~8 kW·h	100~5 000	5 000~8 000	20~80	中	50 000	85~95	30
铅炭电池	铅炭	1 kW~20 MW	10~48 kW·h	200~400	200~700	60~90	中	250~3 000/100%DOD	85~90	10
锂离子电池	锂离子	100 kW~5 MW	4~24 kW·h	600~2 500	1 300~10 000	200~400	中	2 000~3 000/100%DOD	85~98	10
超级电容	—	10 kW~1.5 MW	1~8 kW·h	300~2 000	40 000~120 000	10~20	中	10 000~100 000	85~90	30
储热	水、熔融盐等	千瓦级~数百兆瓦级	千瓦时级~数千兆瓦时级	20~200	—	10~80	高	—	40~90	15~20
储冷	水、冰等	千瓦级~数百兆瓦级	千瓦时级~数百千瓦时级	50~150	—	10~100	高	—	80~95	15~25
储气	—	—	100 kW·h~20 GW·h	0.4~1	—	2 000~2 500	中	25 000	—	15~25
储氢	—	—	—	40~200	—	1 000~2 000	中	3 000	60~80	15

储能的应用场景集中在电源侧、电网侧和用户侧。电源侧储能对储能的需求场景类型较多,包括电力调峰、系统调频、可再生能源并网等;电网侧储能主要用于缓解电网阻塞、延缓输配电扩容升级等;用户侧储能主要用于电力自发自用、峰谷价差套利、容量电费管理和提高供电可靠性等。电网侧储能能够提高电力系统安全性,在辅助服务市场也大有可为。同时,不同类型储能由于能量密度、放电深度、工作温度等特点不同,应用场景也不同。储能技术应用场景如表5-3所示。

表 5-3 储能技术应用场景

时间尺度	应用场景	运行特点	对储能的技术要求	适用的储能类型
分钟级以下	改善电能质量;微电网离网运行时的暂态支撑	动作周期随机;毫秒级响应速度;大功率充放电	高功率;高响应速度;高存储/循环寿命;高功率密度及紧凑型的设备形态	超级电容器;超导磁储能;飞轮储能
分钟至小时级	抑制分布式电源的功率波动;提高配电设施利用效率;增强配电网潮流、电压控制及自恢复能力;延缓配电设施扩容改造;提升分布式能源汇聚效应;调频、应急供电;微电网运行模式的灵活切换	充放电转换频繁;秒级响应速度;可观的能量	高安全性;一定的规模[MW/(MW·h)以上];高循环寿命(万次以上);便于集成的设备形态	电化学储能

续表

时间尺度	应用场景	运行特点	对储能的技术要求	适用的储能类型
小时级以上	新型智能用电；配电网的削峰填谷；微电网能量优化管理	大规模能量吞吐	高安全性；一定的规模 [100 MW/(100 MW·h) 以上]；深充深放（循环寿命 5 000 次以上）；资源和环境优化；成本低	抽水蓄能；压缩空气储能；熔融盐储热；储氢

（六）其他技术

氢能在 21 世纪有可能在世界能源舞台上成为一种举足轻重的能源，氢燃烧热值高，是汽油的 3 倍，酒精的 3.9 倍，焦炭的 4.5 倍。氢燃烧的产物是水，是世界上最干净的能源。氢能主要分为灰氢、蓝氢和绿氢。其中灰氢是由煤炭等化石能源制取；蓝氢是由工业副产品提供；绿氢是由电解水制取，电多来自可再生能源（如风电、水电、太阳能），这种制氢过程几乎没有碳排放。水电解制氢是一种较为方便的制取氢气的方法。在充满电解液的电解槽中通入直流电，水分子在电极上发生电

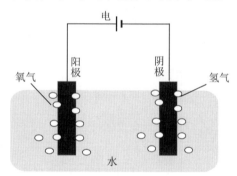

图 5-12 电解水示意图

化学反应，分解成氢气和氧气，如图 5-12 所示。

氢燃料电池是氢能主要用途之一，也是目前氢能作为能源的主要应用场景。氢燃料电池基本原理是电解水的逆反应，把氢和氧分别供给阳极和阴极，氢通过阳极向外扩散和电解质发生反应后，放出电子通过外部的负载到达阴极。氢燃料电池具

有无污染、无噪声、高效率的特点，目前在航天领域、汽车领域和飞机领域均有应用。

（七）总结

将提及的各种能源技术特性，从供能方式、清洁性、经济性、效率性等方面进行简单的划分，如表5-4所示。

表5-4　各种能源技术特性比较分析

技术种类	供能方式	清洁性	经济性	效率性
热电联产技术	热/冷、电	较高	高	较高
热泵技术	热、冷	较高	中	高
制冷技术	冷	中	较高	较高
储能技术	冷/热/电	较高	中	高
分布式可再生能源技术	冷/热/电	高	较高	中
氢能技术	电	最高	低	较高

三、优化模型

（一）优化目标

在优化模型中，设定经济和环保两个目标函数，经济性体现在总年化成本最少；环保目标体现在二氧化碳排放量的减少。

总年化成本优化：

$$TAC = \sum_k c_k^{inv} + \sum_k c_k^{om} + \sum_k \sum_t \Delta t \cdot \dot{G}_{k,t}^{NG} \cdot p^{NG} + \sum_t \Delta t \cdot P_t^{grid} \cdot p^{el} - \sum_t \Delta t \cdot P_t^{feed-in} \cdot p^{feed-in} + c_{dhc}$$

(5-1)

式中：c_k^{inv} 为每个组件 k 的年化投资；c_k^{om} 为每年的运行费用和维护费用；$\sum_k \sum_t \Delta t \cdot \dot{G}_{k,t}^{NG} \cdot p^{NG}$ 为每年天然气的费用，其中，

Δt 设置为 1 h，$G_{k,t}^{NG}$ 为组件 k 在时间步长 t 下的天然气消费量，p^{NG} 为天然气关税率；$\sum_t \Delta t \cdot P_t^{grid} \cdot p^{el}$ 为从电网购电的成本，$\sum_t \Delta t \cdot P_t^{feed-in} \cdot p^{feed-in}$ 为向电网反向送电获得的收入；c_{dhc} 为建筑的冷热网的成本，看作一个常量。

二氧化碳排放优化：

$$CO_2 = \sum_t \Delta t \cdot \dot{G}_{k,t}^{NG} \cdot e^{NG} + \sum_t \Delta t \cdot P_t^{grid} \cdot e^{grid} \quad (5-2)$$

二氧化碳的排放包括两部分：一部分是由燃气锅炉和热电联产机组燃烧天然气排放，用 $\sum_t \Delta t \cdot \dot{G}_{k,t}^{NG} \cdot e^{NG}$ 表示；另一部分则是从电网中获得部分电力，产生这部分电力造成的二氧化碳排放，用 $\sum_t \Delta t \cdot P_t^{grid} \cdot e^{grid}$ 表示，这部分碳排放取决于电力系统的电源组成结构，未来若电网的电力更多地来自可再生能源，则该部分将会降低。

在实现上述优化目标过程中，需要考虑相应约束条件，包括容量配置约束和能量平衡约束等。

优化的主要结果之一是决定应该配置哪些技术，对于每个组成部分 k，用一个变量 x_k 来定义是否配置，如果 $x_k = 1$，则表示配置；如果 $x_k = 0$，则不配置。如果一种技术确定需要配置，相应的设备容量 cap_k 也需要确定，每一个设备必须有最小的额定输出 cap_k^{min}，而设备容量也不能超过 cap_k^{max}，于是可得到以下不等式：

$$x_k \cdot cap_k^{min} \leq cap_k \leq x_k \cdot cap_k^{max} \quad (5-3)$$

如果 $x_k = 0$，公式变为 $0 \leq cap_k \leq 0$，则 $cap_k = 0$；如果 $x_k = 1$，则公式变为 $cap_k^{min} \leq cap_k \leq cap_k^{max}$。

(二) 设备约束

1. 光伏发电装置

光伏发电装置是将光能转换为电能，本模型中考虑了两种不同类型：光伏屋顶和光伏立面。在规划中模型主要是描述功率的优化过程，即光伏的最大功率会受到线路或逆变能力的限制，因此被接入电网的光伏发电量应当少于或等于光伏电池板的发电量，弃光是接入电网的光伏发电量少于光伏电池板发电量的原因，其模型如下：

$$P_{\text{PV},t} \leq P_{\text{PV},t}^{rel} \cdot P_{\text{PV}}^{cap} \quad \forall \text{PV} \in \{\text{PV-roof}; \text{PV-facade}\} \quad (5\text{-}4)$$

其中，$P_{\text{PV},t}$ 代表光伏装机 t 时出力，P_{PV}^{cap} 代表光伏装机容量，$P_{PV,t}^{rel}$ 代表单位装机容量的光伏发电量，光伏的装机容量受到可安装最大容量的限制，PV-roof 和 PV-facade 分别代表层顶光伏和立面光伏，其模型如下：

$$P_{\text{PV}}^{cap} \leq \overline{P_{\text{PV}}^{cap}} \quad \forall \text{PV} \in \{\text{PV-roof}; \text{PV-facade}\} \quad (5\text{-}5)$$

2. 光伏制热装置

光伏制热装置与光伏发电装置类似，将光能转换成为热能，其模型如下：

$$\dot{Q}_{\text{STC},t} \leq \dot{Q}_{\text{STC},t}^{rel} \cdot \dot{Q}_{\text{STC}}^{cap} \quad (5\text{-}6)$$

其中，$\dot{Q}_{\text{STC},t}^{rel}$ 代表单位装机容量的光伏制热量，光伏制热装置同样受最大容量的限制：

$$\dot{Q}_{\text{STC}}^{cap} \leq \overline{\dot{Q}_{\text{STC}}^{cap}} \quad (5\text{-}7)$$

由于屋顶面积有限，光伏发电装置与光伏制热装置是相互竞争的，两个区域的综合不得超过最大可利用面积，因此还需要满足以下约束：

$$\frac{P_{\text{PV-roof},t}^{cap}}{P_{\text{PV,area}}} + \frac{\dot{Q}_{\text{STC},t}^{cap}}{\dot{Q}_{\text{STC,area}}} \leqslant A_{\text{roof}} \qquad (5\text{-}8)$$

3. 风机

风机是将风能转换为电能,本模型中研究了两种风机,即三叶的涡轮风机和屋顶的小型垂直风机,其规划模型如下:

$$P_{W,t} \leqslant P_{W,t}^{rel} \cdot P_W^{cap} \quad \forall W \in \{WT; HT\} \qquad (5\text{-}9)$$

这两种风机的装机容量受限于:

$$P_W^{cap} \leqslant \overline{P_W^{cap}} \quad \forall W \in \{WT; HT\} \qquad (5\text{-}10)$$

4. 锅炉

锅炉是将天然气转化为热能,并具有恒定的热效率 η^{BOI},其模型如下:

$$\dot{Q}_{\text{BOI},t}^{\text{heat}} = \eta^{\text{BOI}} \cdot \dot{G}_{\text{BOI},t}^{\text{NG}} \qquad (5\text{-}11)$$

其中,热的输出量 $\dot{Q}_{\text{BOI},t}^{\text{heat}}$ 可以自由调节到名义容量 Q_{BOI}^{cap}:

$$Q_{\text{BOI},t}^{\text{heat}} \leqslant Q_{\text{BOI}}^{cap} \qquad (5\text{-}12)$$

5. 热电联产

热电联产技术是将天然气转化为电能和热能,此处仅考虑两种热电联产(CHP)技术:燃气轮机(GTs)和内燃机(ICEs),其整体模型可分为热输出和电输出模型。热输出模型如下:

$$\dot{Q}_{\text{CHP},t}^{\text{heat}} = \eta^{\text{CHP},th} \cdot \dot{G}_{\text{CHP},t}^{\text{NG}} \quad \forall \text{CHP} \in \{\text{ICE}; \text{GT}\} \qquad (5\text{-}13)$$

电输出模型如下:

$$P_{\text{CHP},t} = \eta^{\text{CHP},pel} \cdot \dot{G}_{\text{CHP},t}^{\text{NG}} \quad \forall \text{CHP} \in \{\text{ICE}; \text{GT}\} \qquad (5\text{-}14)$$

其容量限制如下:

$$P_{\text{CHP},t} \leqslant P_{\text{CHP}}^{cap} \quad \forall \text{CHP} \in \{\text{ICE}; \text{GT}\} \qquad (5\text{-}15)$$

6. 备用发电机

备用发电机（GEN）是将天然气转化为电能，其模型如下：

$$P_{\text{GEN},t} = \eta^{\text{GEN}} \cdot \dot{G}_{\text{GEN},t}^{\text{NG}} \qquad (5\text{-}16)$$

其容量限制如下：

$$P_{\text{GEN},t} \leqslant P_{\text{GEN}}^{cap} \qquad (5\text{-}17)$$

7. 热泵

热泵是利用电能将环境或余热等资源的低品位热能转化为热能的技术，本模型中考虑了两种热泵技术，即空气源热泵（ASHP）和地源热泵（GSHP），其模型[20]如下：

$$\dot{Q}_{\text{HP},t}^{\text{heat}} = COP_{\text{HP},th} \cdot P_{\text{HP},t} \quad \forall\, \text{HP} \in \{\text{GSHP}; \text{ASHP}\} \qquad (5\text{-}18)$$

这两种热泵的一个基本区别是人本的计算效率，即 $COP_{\text{HP},th}$ 的性能系数。对于地源热泵，假设土壤温度几乎不变 COP 是恒定值：

$$COP_{\text{GSHP},th} = COP_{\text{GSHP}} \qquad (5\text{-}19)$$

空气源热泵的 COP 是根据周围的空气温度来计算的，其 COP 效率如下：

$$COP_{\text{ASHP},t} = \eta^{\text{C,COP}} \cdot \frac{T_{\text{supply}}}{T_{\text{supply}} - T_{\text{air},t}} \qquad (5\text{-}20)$$

在此 $\eta^{\text{C,COP}}$ 一般为 0.4，可根据实际情况取值。

由于空间有限，地源热泵的额定容量有限，地热设施一般在城区的空地建造，需满足：

$$\dot{Q}_{\text{GSHP}}^{cap} \leqslant \overline{\dot{Q}_{\text{GSHP}}^{cap}} \qquad (5\text{-}21)$$

8. 电加热器

电加热器是将电能转化为热能的装置，属于热电耦合的技术。低复杂度的电加热器被建模成为简单的转换单元：

$$\dot{Q}_{EH,t}^{heat} = \eta^{th} \cdot P_{EH,t} \tag{5-22}$$

其安装容量受限于：

$$\dot{Q}_{EH,t}^{heat} \leq \dot{Q}_{EH}^{heat,cap} \tag{5-23}$$

9. 压缩式制冷机

压缩式制冷机是将电能转换为冷，为区域提供冷量，其模型与热泵模型相似：

$$\dot{Q}_{CC,t}^{cool} = COP_{CC} \cdot P_{CC,t} \tag{5-24}$$

其额定功率受限于：

$$\dot{Q}_{CC,t}^{cool} \leq \dot{Q}_{CC}^{cool,cap} \tag{5-25}$$

10. 交直流转换器

对于有光伏、电动汽车充电站和电池等直流元件的区域，可能会配置直流电网，来减少 AC-DC 转换环节的投资来减少资本支出。直流电网通过交直流转换器将电能从交流电网转换到直流电网，这种转换有一个恒定的效率 $\eta_{CONV,DC \to AC}$，其模型如下：

$$P_{AC \to CONV,t} \cdot \eta_{CONV,AC \to DC} = P_{CONV \to DC,t} \tag{5-26}$$

向相反方向转变模型如下：

$$P_{DC \to CONV,t} \cdot \eta_{CONV,DC \to AC} = P_{CONV \to AC,t} \tag{5-27}$$

交直流转换器在两个方向上的转换能力受到额定转换功率的限制：

$$P_{AC \to CONV,t} \leq P_{CONV}^{cap} \tag{5-28}$$

$$P_{DC \to CONV,t} \leq P_{CONV}^{cap} \tag{5-29}$$

11. 电解氢

氢能源技术对能源系统越来越重要，对于可再生能源发电量丰富的地区，可以考虑将电转换成氢气进行季节性的存储，我们建立了电解槽的模型，它的输入能源是电，输出是氢气，其模型如下：

$$\dot{G}_{ELYZ,t}^{H_2} = \eta^{ELYZ} \cdot P_{ELYZ,t} \quad (5-30)$$

电源输入受到已安装容量的限制 P_{ELYZ}^{cap}：

$$P_{ELYZ} \leqslant P_{ELYZ}^{cap} \quad (5-31)$$

12. 燃料电池

燃料电池（FC）将储存的氢气的化学能转化为电能和热能，其模型类似于CHP，其模型如下：

$$\dot{Q}_{FC,t}^{heat} = \eta^{th,FC} \cdot \dot{G}_{FC,t}^{H_2} \quad (5-32)$$

$$P_{FC,t} = \eta^{FC,el} \cdot \dot{G}_{FC,t}^{H_2} \quad (5-33)$$

其功率输出受到装机容量的限制：

$$P_{FC,t} \leqslant P_{FC}^{cap} \quad (5-34)$$

13. 储能

储能装置（储热、储电、储冷、储氢）都是类似的，对于存储设备 k，每个离散时间 $t>0$，存储能量平衡必须得到满足，即在 t 时刻的存储电量 $SOC_{k,t}$ 等于前一时刻的电荷状态加上充电 $ch_{k,t-1}$ 和放电 $dch_{k,t-1}$ 的净变化，此外还需要考虑自放电损失 φ_k，以及收取 $\eta_{ch,k}$ 和放电效率 $\eta_{dch,k}$，其模型如下：[21]

$$SOC_{k,t} = SOC_{k,t-1} \cdot (1-\varphi_k) + \left(ch_{k,t-1} \cdot \eta_{ch,k} - \frac{dch_{k,t-1}}{\eta_{dch,k}}\right) \cdot \Delta t \quad (5-35)$$

t_0 的初始状态被建模为：

$$SOC_{k,t_0} = SOC_k^{init} \cdot cap_k$$

存储容量限制在上限范围内：

$$cap_k \leq \overline{cap_k}$$

循环限制要求循环条件最后时间 t_e 的存储容量与初始时间 t_0 的存储容量要一致，如果不是这种情况，存储容量在初始时间是最大容量，并被设定为完全放电。

（三）能量平衡约束

将上述能源技术应用到完整的能源系统中，需要综合考虑能量平衡约束，即每一个时间段内，能源产生、消费、存储应该平衡。

对于交流电网来说，发出和消耗的电力必须是相等的，这个约束可用以下方程描述：

$$P_{\text{WT},t}+P_{\text{ICE},t}+P_{\text{GT},t}+P_{\text{GEN},t}+P_t^{\text{grid}}+P_{\text{CONV}\to\text{AC},t}=\\P_{\text{AC}\to\text{CONV},t}+P_t^{\text{dem,AC}}+P_t^{\text{feed-in}}+P_{\text{EH},t}+P_{\text{GSHP},t}+P_{\text{ASHP},t}+P_{\text{CC},t} \quad (5\text{-}36)$$

对于直流电网来说，约束方程如下：

$$P_{\text{FC},t}+P_{\text{PV-facade},t}+P_{\text{PV-roof},t}+dch_{\text{BAT},t}+P_{\text{CONV-DC},t}=\\P_t^{\text{dem,DC}}+ch_{\text{BAT},t}+P_{\text{DC-CONV},t}+P_{\text{ELYZ},t} \quad (5\text{-}37)$$

供热的平衡约束方程如下：

$$\dot{Q}_{\text{BOI},t}^{\text{heat}}+\dot{Q}_{\text{ICE},t}^{\text{heat}}+\dot{Q}_{\text{GT},t}^{\text{heat}}+\dot{Q}_{\text{GSHP},t}^{\text{heat}}+\dot{Q}_{\text{ASHP},t}^{\text{heat}}+\dot{Q}_{\text{EH},t}^{\text{heat}}+\dot{Q}_{\text{STC},t}^{\text{heat}}+\\dch_{\text{HTES},t}^{\text{heat}}+\dot{Q}_{\text{FC},t}^{\text{heat}}=\dot{Q}_t^{\text{dem,heat}}+\dot{Q}_{\text{AC},t}^{\text{heat}}+ch_{\text{HTES},t}^{\text{heat}} \quad (5\text{-}38)$$

供冷的平衡约束方程如下：

$$\dot{Q}_{\text{AC},t}^{\text{cool}}+\dot{Q}_{\text{CC},t}^{\text{cool}}+dch_{\text{CTES},t}^{\text{cool}}=\dot{Q}_t^{\text{dem,heat}}+ch_{\text{CTES},t}^{\text{cool}} \quad (5\text{-}39)$$

氢的能量平衡约束方程如下：

$$\dot{G}_{\text{ELYZ},t}^{\text{H}_2}+dch_{\text{TANK},t}^{\text{H}_2}=\dot{G}_{\text{FC},t}^{\text{H}_2}+\dot{G}_t^{\text{dem,H}_2}+ch_{\text{TANK},t}^{\text{H}_2} \quad (5\text{-}40)$$

四、模型求解

区域综合能源规划问题的数学实质是数学优化问题，模型本身由目标函数和约束条件组成，而目标函数与约束条件的性质决定了数学优化问题的性质，不同的优化问题采用的求解算法各异，求解难度区别较大[22-23]。一般而言，根据求解变量的属性，可分为连续问题、离散问题、整数问题、混合整数问题。根据约束条件与目标函数的表达结构，可分为线性问题、非线性问题，也可分为凸问题和非凸问题。根据目标函数的性质，可分为单目标问题和多目标问题。而区域综合能源规划问题，一般仅考虑小时级的功率平衡，不涉及能源系统中的动态特性，一般多为线性规划问题或混合整数线性规划问题[24-25]。根据系统建设的目标导向，可建立相应的单目标（如经济性最优、投资成本最低、运行费用最少、能效最高、碳排放最少等）模型，也可建立同时满足多个建设目标的多目标问题，建模方式较为灵活[26]。

针对线性规划问题，一般采用数值求解方法。目前常见的线性规划问题解法包括单纯形法（从一个顶点出发，连续访问不同的顶点，在每一个顶点处检查是否有相邻的其他顶点以便取到更优的目标函数值）、对偶单纯形法（从对偶可行性逐步搜索出原始问题最优解的方法）、内点法（障碍函数法和原始对偶法）、分解算法等。一旦问题定义为线性规划问题，其数学特质已被证明为凸问题，一旦求得优化的解，该解即为全局最优解。目前，线性规划问题的求解方法较为成熟，即使是面对区域综合能源系统规划这类大规模优化问题，也可快速求解，常用的求解器包括 LPSOLVE、CBC 等[27-28]。

当区域综合能源系统规划中涉及设备状态判断、设备落点设置、设备最小技术出力等约束时，决策变量中将出现整数变量 0-1，从而将规划模型上升至混合整数规划问题。相比于线性规划问题，大规模混合整数规划问题的求解难度将大幅增加,可采用数值求解和启发式算法两类计算方式。对于约束条件为线性或二次的混合整数规划问题,可采用数值求解算法,其中最为常用的方法为分支定界法。该方法的核心为分支与定界,将全部解空间反复地分割为越来越小的子集,即为分支;并对每个子集内的解集计算一个目标下界,即为定界。常用的求解器包括 CPLEX、GUROBI、SCIP、CMIP 等。各类求解器的求解效率有所差别,但基本都能完成区域综合能源系统规划问题求解。而当模型中非线性约束和 0-1 变量相结合时,优化问题将上升为非凸问题,目前已有的数值算法往往难以求解,可采取模型简化和启发式算法两种方式求解。对于模型简化,一般可采用分段线性法,通过引入新的 0-1 辅助变量,将非线性约束转化为分段线性约束,进一步利用混合整数线性规划算法求解。对于启发式算法,主要包括模拟退火法、遗传算法、蚁群算法、人工神经网络法、粒子群算法等,该类算法对模型性质的要求不高,但目前已有的启发式算法都不能保证所求解为全局最优解,容易陷入局部最优。同时,启发式算法的求解效果受算法参数设置影响较大,并且参数的设定没有明确的规律,因此启发式算法的稳定性相较于数值算法较差[30-31]。

优化模型中包含连续变量与离散变量,其中连续变量描述能量流速率和装机容量,离散变量描述是否选择某种能源技术,因此这是一个混合整数线性规划问题(MILP)。同时,由于模型含有成本最优和碳排放最小两个目标,也是一个多目标规划问题(MOP)。优化模型以每小时作为时间步长进行计算,全年包含 8 760 个步长。

若系统规划目标从单目标上升为多目标,优化问题即从单一目标优化上升为多目标优化。对于多目标优化的目标是使多个目标在给定区域同时尽可能最佳，多目标优化的解通常是一组均衡解（一组由众多 Pareto 最优解组成的最优解集合，集合中的各个元素称为 Pareto 最优解或非劣最优解）。主要的求解方法包括两类：传统优化算法和启发式算法。传统优化算法包括加权法、约束法和线性规划法等，实质上就是将多目标函数转化为单目标函数，通过采用单目标优化的方法达到对多目标函数的求解。而启发式算法包括进化算法、粒子群算法、改进的遗传算法等。二者的区别在于传统优化技术一般每次能得到 Pareto 解集中的一个，而用启发式算法来求解，可以得到更多的 Pareto 解，这些解构成了一个最优解集，称为 Pareto 最优解。

区域综合能源系统规划模型的发展与数学优化问题求解能力的演进密不可分，随着计算机算力的提升和优化算法的进步，规划优化模型将逐步精细化。目前，成熟数值算法的计算上限为大规模二次混合整数规划问题求解，该类问题的解已被数学证明为全局最优解。对于大规模非线性混合整数规划问题，当模型不易简化时，一般采用启发式算法求解。

五、规划工具

区域能源系统分析工具功能主要包含多能负荷预测、资源禀赋评估、设备特性建模、系统规划优化及系统性能评估，如图 5-13 所示。区域能源系统相关功能说明及实现软件如表 5-5 和表 5-6 所示。

图 5-13 能源系统分析工具功能及流程

表 5-5 能源系统分析工具功能说明

主要功能	功能说明
多能负荷行为预测	不同用户的电、冷、热、天然气、蒸汽等用能行为预测分析
能源供应设备生产模拟	发电、燃气、热泵、CHP、风机、光伏等主要生产转换设备生产模拟
多能网络拓扑分析	电网、气网、热网及多能混联网络的网络分析
系统供需平衡优化	能源流向、能量平衡的网络级和用户级平衡
连续时序状态模拟	中长时间周期系统状态的连续模拟仿真
多目标规划方案比选	支持以经济性、碳排放最优为目标,可实现方案多目标优化比选。
方案技术经济综合分析	基于全寿命周期理论的技术性、经济性、环保性、社会性等综合效益的评估
多利益主体商业模式分析	对不同商业模式下政府、企业、业主等利益相关方情况分析和提出建议

表 5-6 能源系统分析工具相关软件

规划阶段	软件名称	开发单位	功能简介
负荷预测	EnergyPlus	美国能源部和劳伦斯·伯克利国家实验室	建筑能耗模拟软件，根据建筑的物理组成和机械系统（暖通空调系统）计算建筑冷热负荷
	TRNSYS	美国威斯康星大学和美国科罗拉多大学	工程级能源系统建模，采用模块化仿真分析方式，建筑物逐时能耗分析
资源分析	PVsyst	瑞士日内瓦 Geneva，大学环境科学学院	光伏系统设计辅助软件，模拟不同类型光伏系统发电量和发电效率
	WASP	丹麦瑞索（Risoe）国家实验室	风能资源评估与风电场设计软件
系统分析	EnergyPLAN	丹麦奥尔堡大学	城市能源系统运行（冷/热/电/工业/交通），区域供冷供热分析
	LEAP	波士顿斯德哥尔摩（Stockholm）环境研究所	长期能源规划，涉及能源政策，气候变化缓解策略，多区域建模，低碳能源路径分析等
	园区综合能源系统规划优化软件	国网（苏州）城市能源研究院	适用于园区能源系统分析计算，并对园区能源系统性能进行综合评估，为园区能源规划决策者提供辅助支撑
	CloudPSS	清华大学能源互联网创新研究院	能源互联网建模及仿真工具，提供多种设备的电、磁、热等多物理场详细模型，可实现多时间尺度下能源互联网精确动态仿真等功能

续表

规划阶段	软件名称	开发单位	功能简介
系统分析	综合能源系统仿真平台	华北电力大学	含四大模块，可实现规划方案优化选择，各能源品种多时间尺度优化调度，分布式、微网形式下多种能源间交易，经济、环境和社会效益综合评估
技术经济	NEIESEA	国网能源研究院	新能源与综合能源系统经济性分析软件，包括单一能源转换设备的经济性分析、综合能源系统经济性分析、全国新能源经济型测算
	RET Screen	加拿大自然资源公司	一款清洁能源管理软件，可用来评估可再生能源设施经济效益，实现对潜在可更新能源和能效工程的技术及资金可靠性进行全面鉴定、评估和优化

其中，园区综合能源系统规划优化软件内置先进优化算法，可根据园区能源负荷预测、资源禀赋评估等信息，以经济性或环保性最优智能计算适合该园区的供能技术路线、设备容量与设备运行策略，并对园区能源系统性能进行综合评估，为园区能源规划决策者提供辅助支撑。

目前，该工具可考虑园区供能电力、暖通、天然气等常用的6类负荷，涉及燃气发电机组、热泵设备、新能源发电设备等28种供能技术路线。软件采用序列优化技术，可实现储能设备等运行特性具有强时间相关性设备的能源规划。根据规划目标导向不同，提供多样性的优化目标函数选择。对于一年8 760 h园区的能源系统规划，计算求解时间低于5 min。当前，该软件已成功在南京大学苏州校区、常州金坛华罗庚科技产业园、石景山数据中心等实际案例中应用。通过软件工具的应用，实现了规划中心核心业务能力的软件化、模块化和系统化，有效提高了园区能源系统规划的效率。该方法具有以下几点特征。

①考虑多能耦合条件下不同设备间的配合策略

可考虑不同设备间的配合策略，采用序列优化技术将单一时间断面问题转化为时间相关问题，有效解决了储能等具有强时间相关性设备的规划问题。

②实现多目标优化规划

可实现考虑系统综合经济性、碳排放等不同目标的单目标计算及多目标计算。对于多目标优化可刻画出整个优化问题的帕累托（Pareto）前沿。

③算法求解效率高

规划层面，变量数达40万以上，计算时间小于5 min。

软件部分功能展示界面如图5-14所示。

(a) 多功能负荷界面

（b）设备建模界面

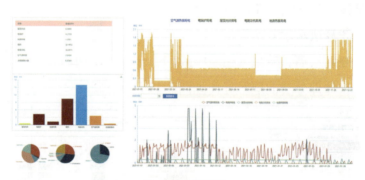

（c）结果输出界面

图 5-14　园区综合能源系统优化工具功能展示图

参考文献

［1］陆烁玮. 综合能源系统规划设计与智慧调控优化研究［D］. 杭州：浙江大学，2019.

［2］曾鸣，刘英新，周鹏程，等. 综合能源系统建模及效

益评价体系综述与展望［J］. 电网技术，2018，42（6）：1697-1708.

［3］乔艳丽，王振兴，王烨. 全排列多边形图示指标法区域能效评价［J］. 煤气与热力，2015（4）：100-105.

［4］闻旻，刘育权，胡枭，等. 含分布式供能设备的综合能源系统规划评价［J］. 电测与仪表，2018，55（21）：68-74.

［5］中华人民共和国住房和城乡建设部. 城市供热规划规范：GB/T 51074－2015［S］. 北京：中国建筑工业出版社，2015.

［6］龙惟定. 城区需求侧能源规划和能源微网技术［M］. 北京：中国建筑工业出版社，2016.

［7］上海市经济和信息化委员会. 上海产业结构调整负面清单及能效指南（2014版）［EB/OL］（2014-06-16）［2022-07-29］. http：//sheitc.sh.gov.cn/cmsres/6a/6ab9f72910c249d6810c1－42a697b25ef/7d3f1fc2fda5e2e94f58c82aba77c8a7.pdf.

［8］中国航空规划设计研究总院有限公司. 工业与民用供配电设计手册［M］. 4版. 北京：中国电力出版社，2016.

［9］中国建筑标准设计研究院. 建筑电气常用数据［M］. 北京：中国计划出版社，2019.

［10］于航，黄子硕，潘毅群，等. 城区需求侧能源规划实施指南［M］. 北京：中国建筑出版社，2018.

［11］中华人民共和国住房和城乡建设部. 城镇供热管网设计规范：CJJ 34－2010［S］. 北京：中国建筑工业出版社，2010.

［12］罗卓伟. 电动汽车充电负荷计算方法［J］. 电力系

统自动化，2011，35（14），36-42.

[13] 中华人民共和国住房和城乡建设部. 城市道路照明设计标准：CJJ45-2015[S]. 北京：中国建筑工业出版社，2015.

[14] 中国气象局风能太阳能资源中心. 2020年中国风能太阳能资源年景公报[R/OL].（2021-02-03）[2022-07-29]. https://page.om.qq.com/page/O3XNElZkgQiqgErnNaLy8j3g0.

[15] 蔺文静，刘志明，马峰，等. 我国陆区干热岩资源潜力估算[J]. 地球学报，2012，33（5）：807-811.

[16] 自然资源部中国地质调查局，国家能源局新能源和可再生能源司，中国科学院科技战略咨询研究院，国务院发展研究中心资源与环境政策研究所. 中国地热能发展报告（2018）[R/OL].（2018-08-28）[2022-07-29]. https://www.cgs.gov.cn/xwl/cgkx/201808/P020180827339803573961.pdf.

[17] 包予佳. 余热资源品质的热力学可用势评价方法研究[D]. 武汉：华中科技大学，2014.

[18] 许东，谢梦华. 综合能源系统规划现状分析[J]. 低碳世界，2019，9（7）：87-89.

[19] 王毅，张宁，康重庆. 能源互联网中能量枢纽的优化规划与运行研究综述及展望[J]. 中国电机工程学报，2015，35（22）：5669-5681.

[20] 王成山，洪博文，郭力，等. 冷热电联供微网优化调度通用建模方法[J]. 中国电机工程学报，2013，33（31）：26-33，3.

[21] Li R, Wei W, Hu Q, et al. Participation of an Energy Hub In Electricity and Heat Distribution Markets: An Mpec Ap-

proach[J]. IEEE Transaction on Smart Grid,2019,10(4):3641-3653.

[22] 冯智慧,吕林,许立雄. 基于能量枢纽的沼-风-光全可再生能源系统日前-实时两阶段优化调度模型[J]. 电网技术,2019,43(9):3101-3109.

[23] 刘柳,王丹,贾宏杰,等. 综合能源配电系统运行域模型[J]. 电力自动化设备,2019,39(10):1-9.

[24] WOJCIECH L, MICHAL W, BLAZEJ O. MILP Formulation for Energy Mix Optimization[J]. IEEE Transactions on Industrial Informatics,2015,11(5):1166-1178.

[25] JING Q, YANG H M, ZHAO Y D, et al. A Linear Programming Approach to Expansion Co-Planning in Gas and Electricity Markets[J]. IEEE Transactions on Power Systems,2016,31(5):3594-3606.

[26] 胡枭,尚策,陈东文,等. 考虑能量品质的区域综合能源系统多目标规划方法[J]. 电力系统自动化,2019,43(19):22-38,139.

[27] 仇知,王蓓蓓,贲树俊,等. 计及不确定性的区域综合能源系统双层优化配置规划模型[J]. 电力自动化设备,2019,39(8):176-185.

[28] BRAHMAN S, HONARMAND M, JADID S. Optimal electrical and thermal energy management of a residential energy hub,integrating demand response and energy storage system[J]. Energy and Buildings,2015,90:65-75.

[29] TIAN X K, ZHAO R Y. Energy network flow model and optimization based on energy hub for big harbor industrial park[J].

Journal of Coastal Research,2015,73:298-303.

［30］穆红莉.环境资源定价及其实现途径：基于边际机会成本定价理论［J］.价格理论与实践，2012（12）：34-35.

［31］刘殿海.电源优化规划理论研究及应用［D］.北京：华北电力大学，2006.

第二部分　区域能源规划实践

在实践篇中分别选取区县、工业园区、特色小镇、综合型大学四个典型场景进行能源系统规划理论的实践与应用。

第六章　区县能源规划案例

区县作为相对独立而又完整的行政体和经济体，其经济发展、产业布局等将直接决定地、市、省甚至全国的整体格局。区县综合能源规划主要开展外部网络与地区能源资源的合理搭配组合，紧密围绕城镇经济产业空间规划布局，构建用能需求明确、输配支路清晰、供需平衡优化的能源系统。

区县综合能源系统是联系大能源大网络与用户实际用能需求之间的转换枢纽和平衡桥梁，是提升整体能源系统效率、引导能源消费模式优化转型、实现局部能源系统运营最优的关键环节。区县在综合能源系统规划建设过程中具有更大的自主权和主动性，这将决定各类项目落地实施的最终布局策划方案。据测算，全国区县综合能源相关项目的市场潜力达万亿级规模。仅以江苏省为例，其下辖 95 个区县开展综合能源项目的整体市场投资潜力就高达千亿级规模。

此处选取江苏苏南某城区综合能源规划案例进行阐述。该城区历史文化悠久，占地面积广阔，山水林田湖草生态要素齐全且丰富。近年来人口保持平稳持续流入，2019年城镇化率超过70%，人口密度约1 500人/km^2，属于人口密集区。全区经济社会保持平稳较快发展，基础设施完善，创新资源要素集中，区内主导产业为"机器人与智能制造""生物医疗及大健康"两大产业。目前，该区第三产业比例已超过50%，未来新兴产业将持续加快布局，经济结构进一步优化。同时，该地处长江三角洲核心区域，从自身资源禀赋和可持续发展驱动力考虑，城区具有率先完成碳达峰目标的潜在优势，同时也具有良好的清洁能源发展基础。本地生态涵养条件好，可成为碳中和示范区的优选实践地，实现全区碳中和可持续发展，并进一步在全国范围内树立碳中和示范标杆。

一、能源基础条件

（一）能源设施现状

该城区具有高度综合的城市能源形态，用能品种齐全，用能需求量大，能源基础设施复杂多样且规模巨大。

1. 煤炭方面

该地区是沿江煤炭中转储运基地，港口、铁路和公路煤炭装卸和运输通道衔接良好。煤炭供应全部由外部调入，主要通过水陆联运、长江、京杭运河、铁路等方式进入。水陆联运是最主要的运输方式，中转港主要有秦皇岛港、京唐港、曹妃甸港、天津港、黄骅港、青岛港、日照港等。京杭运河与铁路是烟煤和炼焦煤输入的主要渠道，公路调入量极少。

2. 电力方面

本地电源方面，目前该城区共有两座电厂，总装机容量为

101.75 MW，其中新能源电厂机组容量 71.75 MW，接入 110 kV 电压等级；火电厂机组容量为 30 MW，接入 35 kV 电压等级。

电网方面，供应该城区电力负荷的变电站有 500 kV 变电站 1 座，220 kV 公用变电站 8 座，主网合计总变电容量约 654 万 kV·A；110 kV 公用变电站 32 座，配网合计总变电容量约 358.8 万 kV·A。总体而言，本地电源点不多，且装机容量不大，大部分电力由外部通过电网进行供应。

3. 燃气方面

该城区本地无天然气能源，天然气主要源自"西气东输一线"和"西气东输二线"，区内设有分输站和门站。燃气供应主要为管道天然气、液化天然气（LNG）、压缩天然气（CNG）及液化石油气（LPG），由 3 家燃气单位经营。

该城区各类用户用气量不均匀，用气量随月、日、时用气量波动发生变化。在用气高峰时，燃气供应公司往往会出现气量指标不够而导致供应不足，甚至管网压力不足等。气荒时，该上游气源供应紧张，会存在天然气供应不足的现象，还须规划建设备用气源站。

4. 热力方面

热源供应主要为集中供热（公共热源厂、燃煤自备电厂、辅助热源点）和分散供热（自备小锅炉）两种形式。

集中供热热源方面，现有 1 个公共热源点和 1 个辅助热源点（垃圾发电厂）对外集中供热。其中，公共热源点共有锅炉 4 台，总容量 355 t/h，发电装机规模 36 MW，供热能力 280 t/h；辅助热源点发电装机规模为 68 MW，供热能力为 30 t/h。集中供热总供热能力达 310 t/h。已建热力网总长为 80 km 左右，供热半径达 10 km。分散供热热源方面，有 274

台自备锅炉（天然气、油、生物质、余热等），总容量为572.12 t/h。

5. 成品油方面

成品油供应主要包括成品油管道输送和油罐车配送两种方式。该城区有战略油库1个，具有14万 m^3 成品油仓储，其中汽油6万 m^3，柴油8万 m^3。同时，该城区还租赁了相邻城区的两个油库以有效保障区域内成品油市场供应。区内另有加油站111座，主要由成品油公司通过油罐配送至区内各个加油站。

（二）资源禀赋评估

该地区可再生能源资源主要包括太阳能资源、风力资源、地热资源、生物质资源这四类。

1. 太阳能资源

年平均太阳辐射量为5 110.09 MJ/m^2，年利用小时数为1 121.38 h左右，太阳能资源较丰富，属于太阳能资源开发三类地区，目前备案光伏装机容量为100 MW。

2. 风力资源

年平均风速3.3 m/s，风向频率为11%，年有效风能密度在50~100 W/m^2。根据中国风资源区划标准，该城区处于风资源可利用区，有效利用小时数为3 000~5 000 h。考虑到该城区生态红线区覆盖面积大，可开发土地资源缺乏，总体风能资源可利用率不高，可选取在相关示范园区建筑顶部、空地等建立小型分布式风机进行示范利用。

3. 地热资源

该城区具有丰富的深层地热和浅层地热资源，开发潜力大。其中，浅层地热较适宜区面积为334.14 km^2，占该城区总计的65.6%；适宜区面积为288.27 km^2，占总计的29.6%。具备推广地埋管换热系统应用的条件，适宜区单位温差热储量为 0.95×10^{14} kJ/℃。

4. 生物质资源

垃圾填埋场和垃圾焚烧发电厂，是目前该城区处理生活垃圾的唯一途径。初期设计垃圾日处理能力为 3 550 t。2019 年该城区所在城市全年累计处理生活垃圾量为 234.1 万 t，日均处理量为 6 125.66 t。

（三）能源消费现状

近年来，该城区能源消费总量整体呈上升趋势，统计数据如图 6-1 所示。2019 年，能源消费总量为 232.34 万 tce，单位 GDP 能耗为 0.224 tce/万元，排名全市第 2 位。能源消费的增长，主要与以下三方面因素相关：一是该地区生产总值不断增加，虽然产业结构有所调整，但总体处于上升发展中，产业的发展也带动了地区能源消费总量的提升；二是该城区近几年人口呈持续流入状态，城市化水平较高，住房、交通和相关公共设施的规模持续增加；三是居民对生活品质提升的需求提高，也会导致能源消费的提高。

从图 6-1 可以看出，总体能源消耗强度下降缓慢。这主要受多方面因素的影响：一方面，通过关停淘汰落后企业、技术改造、引进先进工艺流程等措施，能耗强度有所下降；另一方面，部分企业受市场因素影响，产品价格下跌，导致总产值下降，产值单耗上升；同时，也有部分企业产品结构调整，但产品生产设备多处于试运行阶段，未能达到正常的规模效应，导致总能耗增加和能源消费强度上升。此外，该城区的节能空间也在逐渐缩小，随着区域内高能耗、高污染、低产出工业企业的不断退出，产业结构不断优化调整，能源消费强度总体呈上升趋势。另外，部分高能耗传统（印染、纺织）行业、企业缺乏高性价比的节能技术和产品，企业节能技术改造投入不足导致节能技术改造项目数量和质量逐渐下降，这也是能源消费强度下降缓慢的一个重要因素。

图 6-1　该区县 2014—2018 年能源消费趋势

从城区规模以上工业企业用能结构来看（图 6-2），用能以电子设备制造业和纺织业为主，而该市以黑色金属冶炼及压

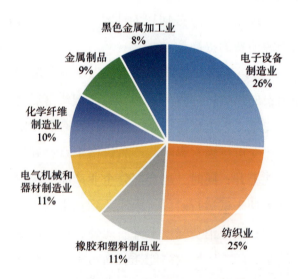

图 6-2　该区县 2019 年规模以上工业企业用能结构

延加工业、造纸及纸制品业、化学纤维制造业和纺织业为主。对于能耗强度来说，电子设备制造业和纺织业比黑色金属加工业和化学纤维制造业低。因此，该城区单位 GDP 能耗低于该市平均水平。

二、需求分析

根据该区县煤炭、成品油、天然气、电力、热力、光伏、生物质等各能源品种的需求占比（图 6-3），利用经济增长率、人口增长率、产值能耗法、指标法等对 2025 年该城区各种能源需求占比进行综合预测，如图 6-4 所示。结合经济发展、能源转型、能耗双控、能源先进技术应用、碳减排等综合因素，"十四五"期间该区将率先实现全区无煤化发展。能源消耗以电、油、气为主，清洁能源占比 62.62%，相比 2019 年增加了 13.15%，其中天然气占比提升显著，增加了 8.3%；可再生能源占比 39.53%，同比提升 4.85%，光伏占比大幅提升 1.96%，对清洁能源贡献度达 3%；同时，氢能在能源领域的发展将发挥一定作用，预计 2025 年氢能耗增加 1.2 万 tce。

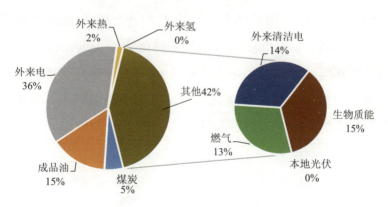

图 6-3 该城区 2019 年各类能源需求占比情况

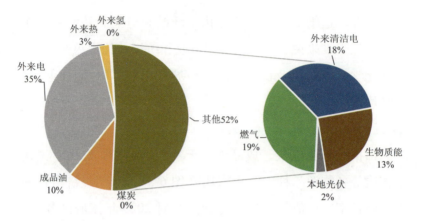

图 6-4 该城区 2025 年各类能源需求占比预测情况

"十四五"期间,该城区将采用更加先进的能源设备,能源利用效率将进一步优化。城区内大型能源基础设施热电生产转换效率提升效果明显,到 2025 年本地电力和热力生产的综合效率将提高 31.3%,达到 60.2%。

根据该城区 2019 年各类能源二氧化碳排放占比情况(图 6-5)对 2025 年的能源需求情况进行预测,到 2025 年,该城区因能源活动产生的二氧化碳排放总量在能源消费总量增加 48.97 万 tce 的基础上,降低了 52.95 万 t,能源脱碳水平有所提高。区域性能源基础设施的建设助力清洁能源占比提升至 60%,外来清洁电占比提升至 21%,电力碳排放占比降至 57%(图 6-6)。无煤化、本地可再生能源利用、节能减排等相关措施的有力推进将助力"十四五"期间城区实现碳达峰。

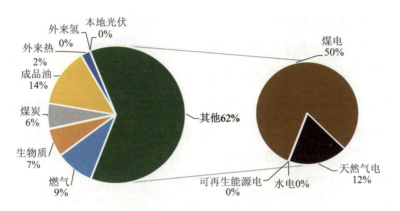

图 6-5 该城区 2019 年各类能源二氧化碳排放占比情况

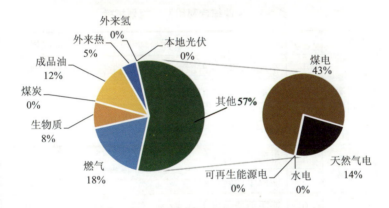

图 6-6 该城区 2025 年各类能源二氧化碳排放占比预测情况

到 2025 年，该城区电气化水平将进一步提升，电能占终端能源比例达 63.7%。工业领域总体耗能略有下降，能源消耗形式以电、热、气为主，工业实现无煤化发展，工业领域非化石能源占比下降至 8.68%。建筑领域总体耗能增加，耗能形式以电气为主，集中供冷热、以电为驱动的暖通成为建筑负荷的重要形式。交通耗能以成品油为主，占比达 75.9%，交通电气化、清洁化程度有所上升。

三、实施方向

该城区能源发展将从能源清洁低碳、安全高效出发，营造能源与城市和谐发展的环境，全方位深化推动区域用能的高效化、低碳化、数字化水平，构建可持续的城市智慧能源系统。根据该城区实际情况及对未来发展形势的预测，提出本地资源充分利用、能源供应安全高效、能源消费节约优化、能源系统智慧互动、空间形态生态友好、能源管理精益提升、产业规模逐步扩大、创新能力显著提升八大类方向，并结合八大类方向，提出18项规划指标和28项重点任务，如表6-1、表6-2所示。

表6-1 能源综合利用发展规划指标

维度	序号	指标	规划目标
本地资源充分利用	1	本地清洁能源占能源供应的比例/%	40
	2	本地清洁能源消纳率/%	100
	3	单位地区生产总值二氧化碳排放下降率/%	25
能源供应安全高效	4	电网供电可靠性/%	99.999
	5	能源生产转换效率/%	85
能源消费节约优化	6	能源消费强度下降率/%	10
	7	电能占终端能源消费比例/%	60
	8	新建建筑中绿色建筑比例/%	100
	9	绿色公共交通占比/%	100
能源系统智慧互动	10	城市级智慧能源监控平台接入率/%	100
	11	无线专网覆盖率/%	100
空间形态生态友好	12	公共停车场充电设施比例/%	50
	13	电动汽车车桩比	1:1
	14	综合管廊长度/km	50
能源管理精益提升	15	重点用能单位能源管理体系覆盖率/%	100

续表

维度	序号	指标	规划目标
产业规模逐步扩大	16	新兴能源产业产值比例/%	10
	17	新兴能源产业研发强度/%	10
创新能力显著提升	18	能源领域万人发明专利拥有量/件	5

表 6-2 能源综合利用实施方向与重点任务

方向	序号	重点任务
本地资源充分利用	1	打造太阳能全面综合利用示范工程
	2	加快垃圾发电扩建工程
	3	建设地热资源利用工程
能源供应安全高效	4	坚强智能区域电网工程
	5	加快城区内燃机建设及余热综合利用工程
	6	加快天然气供应能力提升工程
能源消费节约优化	7	创建工业节能示范工程
	8	公共交通100%清洁化
	9	港口岸电100%覆盖
	10	充电设施全面覆盖工程
	11	氢能运用示范工程
能源系统智慧互动	12	打造城市能源互联网示范园区
	13	打造城市建筑综合体数字化试点工程
	14	工业用户能源监测平台试点工程
空间形态生态友好	15	打造生态岛屿综合能源示范工程
	16	打造太湖新城开发区绿色生态城区
	17	扩大绿色工厂创建示范
	18	创建绿色园区示范工程
	19	扩大综合管廊建设

续表

方向	序号	重点任务
能源管理精益提升	20	建立能源大数据共享应用机制
	21	推进分布式发电市场化交易
	22	实施更严格的终端能效管理
产业规模逐步扩大	23	打造氢能设备制造产业
	24	发展风、光储装备相关制造产业
	25	培育壮大新能源汽车及配件产业
	26	培育绿色建筑服务产业
创新能力显著提升	27	培育能源领域企业研发机构
	28	培育能源研究新型科研机构

（一）本地资源充分利用

1. 打造太阳能全面综合利用示范工程

充分利用工商业建筑屋顶和立面，高速公路、城市主干道、轨道交通等道路沿线空地及路灯等基础设施，进一步开发太阳能资源利用。加快推进区县全域屋顶分布式光伏资源开发试点工程建设，促进本地光伏资源应用尽用。积极推广光伏幕墙技术，围绕核心区域，打造光伏建筑一体化示范项目。

2. 加快垃圾发电扩建工程

生活垃圾焚烧发电及其配套项目是垃圾治理项目、环境治理项目，实践证明垃圾焚烧发电是目前生活垃圾"减量化、资源化、无害化"处置的最佳途径。以下为推进该城区现有垃圾焚烧发电而改造扩建的项目：新建 6 条 750 t/d 的垃圾焚烧线；对原有 1 500 t/d 垃圾焚烧线进行提标改造；拆除原有项目一、二期并原址重建 1 条 850 t/d 垃圾焚烧线。项目完全建成后，总处理规模将达到 6 850 t/d，预计每年提供绿色电力 8.71 亿 kW·h，烟气排放全面优于欧盟 2010 标准。同时加强对垃圾处理企业

的渗滤液及危险废弃物处理的全过程监督。

3. 建设地热资源利用工程

我国地热资源分为直接利用和发电两种利用方式,其中高温地热可用于发电,中低温地热主要以直接利用为主,如供暖、温泉洗浴、旅游、水产养殖、现代农业等方面。江苏地区地热资源利用以建筑供暖、温泉应用为主。围绕该城区资源条件较好区域推广应用地热资源,采用地热供暖、医疗洗浴、温室花卉等多种开发利用方式,规划以生态休闲为主的服务业、高档房地产业等试点工作。

(二) 能源供应安全高效

1. 坚强智能区域电网工程

持续建设坚强智能电网,保障可靠能源供应,广泛应用先进信息网络技术改造升级传统电网,提升电网的资源配置、安全保障和智能互动能力,实现电网朝数字化、自动化、智能化发展。推进配网网格化管理、标准化建设,形成单元制内不同目标网架,实现网络清晰、联络有序、负荷均衡、可靠性高等目标。主要项目有新建15座110 kV三主变变电站,新建8座110 kV双主变变电站,扩建变电站主变18台,结合变电站新建电缆通道约313 km。规划新建10 kV架空线路约475 km,新建电缆线路1 450 km,新建中心开闭所1 240座。提升电力系统感知和控制能力,探索储能在电源侧、电网侧、用户侧的灵活布置,以更加合理的方式解决新能源并网消纳和新型用能方式大量接入带来的并网问题,提高配电网对分布式电源的消纳能力和综合利用效率。

2. 加快内燃机建设及余热综合利用工程

在某科技产业园内新建燃机。加快建设两台80 MW级燃气轮机及配套的蒸汽轮机联合循环机组、两台50 t/h天然气应急备用锅炉（具备"热电解耦"能力）、两套热水型溴化锂机组，年均热电比达80.6%，综合能源利用率达77%。供汽范围覆盖原热电厂供应的大部分区域、该产业园及其周边地区，与城区内垃圾电厂共同构成集中热源点，实现全区范围内"零耗煤"。同时，在两个集中热源点附近区域，利用电厂余热资源，通过溴化锂吸收式等热泵技术为周边旅游度假中心、科技产业园等区域引导探索集中供冷供热，打造电厂余热深度利用的示范工程。

3. 加快天然气供应能力提升工程

推进燃机天然气管道工程建设。加强城镇管网建设和应急储备工程的建设。增加2个调压站作为两个气源接入点；大力建设DN500高压管线1条，以及0.4 MPa中压管网；规划新建管道100 km，将原互不联通的各片区中压管网相联通，同时完善城区内原有的中压管网支线；加强与周边其他区县的天然气管道管线对接，形成互联互通的天然气供应管网。建设2～3座LNG储配站，改善用气高峰时气量指标不够导致的供应不足，甚至管网压力不足的情况，保障居民用气达到应急气源，且保证时间不少于7天。

（三）能源消费节约优化

1. 创建工业节能示范工程

推动纺织行业重点用能企业实施节能改造，创建纺织工业节能示范工程。加强高能耗环节的工艺优化，实现节能高产；提高原料使用价值，控制各工序回花率、回丝率、落棉率；优化废水处理模式，在园区内建立集中处理厂进行预处理后统一纳管并入城市污水管道，完善排污费梯度征收体系。

2. 公共交通100%清洁化

加快推进绿色循环低碳交通运输建设，鼓励居民参与绿色出行，引导公众出行优先选择公共交通等出行方式，力争实现公共交通分担率达35%以上，整体提升区域的绿色出行水平。同时，积极推动公共交通清洁化发展，实现公交车、物流车、环卫车、出租车和网约车等公共交通100%清洁化，优先发展电气化公共交通，推进交通领域电能替代。

3. 港口岸电100%覆盖

大型船舶是港口主要的大气污染源之一，一艘中型集装箱船靠港期间一天排放的$PM_{2.5}$污染物相当于50万辆"国四"[①]小汽车一天的排放量。积极调动当地充电基础设施建设运营单位积极性，推动生产泊位100%配置岸电，实现港口运输车辆、装载机械、生活及游览用船100%应用天然气、电力。

4. 充电设施全面覆盖工程

充电设施建设是加快电动汽车发展的重要基础，应积极谋划充电设施全面覆盖工程，加快电动汽车充电基础设施专项规划，充分调动社会资源，着力在停车站、加油加气站、商场等地区建设充电设施，整体实现公共充电桩车桩比5∶1，专用充电桩车桩比2∶1，私用充电桩车桩比1∶1，公共充电服务网络服务半径小于0.9 km。推动电动汽车运营商充电设施信息服务平台接入车联网平台，实现电动汽车、充电设施100%接入车联网平台。同时，以中心城区为示范区，鼓励推动公共、专用和私用充电基础设施建设，探索光储一体化充电站等综合型充电站的建设，打造充电工程示范标杆。

---

① "国四"一般指国家第四阶段机动车污染物排放标准。

5. 氢能运用示范工程

氢能是一种清洁、高效、安全、可持续的新能源，氢能产业也是当前最具发展潜力的战略性新兴产业之一。试行公交车、物流车、市政环卫车等营运性车辆氢燃料技术应用，利用城区内现有加油、加气站点建设加氢站示范工程，探索氢能的应用。

（四）能源系统智慧互动

1. 打造城市能源互联网示范园区

加快推动"互联网+"智慧能源发展，以支撑和优化园区能源管理为切入点，充分应用"大云物移智链"等现代信息技术，加快推进能源互联网示范园区建设，布局园区能源互联网整体运营，广泛连接内外部、上下游资源和需求，打造能源互联网生态圈。加快建设核心区分布式能源站，为未来打造城市级能源互联网示范园区奠定扎实的基础。

2. 打造城市建筑综合体数字化试点工程

以市政公用设施及公共建筑等为数字化建设、智能化改造的抓手，采用大数据技术分析建筑能耗数据，通过数字化技术实现对能源系统使用优先级的控制，如太阳能光热优先、热电联产余热其次等，最终实现建筑的智慧化、节能化。

3. 工业用户能源监测平台试点工程

加快工业互联网试点示范推广普及。遴选100个左右工业互联网试点示范项目。建设一批工业互联网体验和推广中心。针对纺织类、电子制造类、生物医药等重点工业行业，加强对高耗能企业的能效监测和分析跟踪，鼓励建设企业级、园区级能耗在线监测端系统，并与省级平台做好数据对接工作。在8家"万家企业"的能源监管基础上，远期实现工业用户能源

平台全覆盖，通过对工业用能企业的监测，动态掌握工业行业整体能效水平。

（四）空间形态生态友好

1. 打造区域岛屿综合能源示范工程

以区域生态岛为重点，同步推进周边岛屿发展生物质能、太阳能等多种清洁能源，提高建筑绿色等级建设要求，加快既有建筑绿色节能改造，积极推广屋顶分布式光伏项目，在城区生态岛推进绿色交通基础设施建设，加强周边岛屿的电网建设，构建光伏、生物质、储能、电气化交通于一体的清洁能源系统，实现周边岛屿能源的清洁综合利用，满足岛屿长期稳定可靠的用能需求。

2. 打造核心城区绿色生态

加快打造核心城区绿色生态建设，整体实现新建建筑100%一星级，60%二星级，15%三星级，其中所有新建民用建筑应采用二星及二星以上绿色建筑标准设计建造；5万 m^2 以上的新建大型公共建筑应采用三星及三星以上绿色建筑标准设计建造；同时打造2项近零能耗建筑示范工程，推行50万 m^2 集中供暖样板工程；加强对大型公建和政府办公建筑运营能耗管理，充分利用建筑能耗分项计量装置和该市公共建筑能耗监测平台，稳妥推进建筑对标管理模式，推动绿色运行标识建设。

3. 扩大绿色工厂创建示范

依托相关企业创建国家级绿色供应链和省级绿色工厂的基础和经验，继续扩大绿色工厂创建工作，面向重点制造企业和服务商开展绿色制造体系培训，对绿色工厂、绿色供应链和绿色产品的创建进行宣贯工作，鼓励企业应用绿色建筑技术建设

改造厂房，采用先进节能技术与装备，建设厂区光伏电站和智能微电网，推行资源能源环境数字化、智能化管控系统。鼓励其他优质企业申报第二批国家级绿色工厂、省级绿色工厂。

4. 创建绿色园区示范工程

巩固经济开发区国家级绿色园区成果，在园区内加强能源梯级利用、水资源循环利用、废物交换利用、土地节约集约利用；在建筑、交通设施中安装太阳能、风能等可再生能源利用设施；建立和完善职能有机统一、运转协调高效的生态环境保护综合管理机制。

5. 扩大综合管廊建设

积极谋划综合管廊建设，将城市供水、排水、供热、燃气、电力、通信、广播电视等各类管线工程建设项目纳入工程建设项目审批管理系统，实施统一高效管理，完善城市功能、提升城市综合承载力。鼓励采用企业投资建设和运营管理或政府和社会资本合作（PPP）模式加快区内地下综合管廊建设；老城区要结合旧城更新、道路改造、河道治理、地下空间开发等，因地制宜、统筹安排地下综合管廊建设。在交通流量较大、地下管线密集的城市道路、轨道交通、地下综合体等地段，还有城市高强度开发区、重要公共空间、主要道路交叉口、道路与铁路或河流的交叉处，以及道路宽度难以单独敷设多种管线的路段，要优先建设地下综合管廊。加快既有地面城市电网、通信网络等架空线入地工程。

（六）能源管理精益提升

1. 建立能源大数据共享应用机制

推进能源大数据中心建设必要性、布局、规模等前期论证，探索以能源大数据中心为基础的能源信息化管理机制，积

极构建完善的能源基础数据库；建立数据共享应用机制，推动能源大数据与政务、环境、地理信息、工商等数据结合，扩展城市综合能源分析与优化、能源交易服务、民生公共服务等能源数据增值服务功能。

2. 推进分布式发电市场化交易

引入市场主体第三方，开展包括分布式发电在内的能源商品及灵活性资源等能源衍生品服务交易，最大限度地激发市场活力。搭建公开透明、功能完善的分布式发电交易平台，探索碳排放交易管理办法，依法依规提供规范、可靠、高效、优质的能源交易服务拓展市场参与者信息获取渠道，提高市场信息公开透明度、消减信息不对称、降低能源交易成本。

3. 实施更严格的终端能效管理

推动重点用能单位建设能源管理体系并开展效果评价，健全重点用能单位能源消费台账，进一步完善能源计量体系。依法开展能源审计，组织实施能源绩效评价，开展达标对标和节能自愿活动，采取企业节能自愿承诺和政府适当引导相结合的方式，大力提升重点用能单位能效水平。

（七）产业规模逐步扩大

1. 打造氢能设备制造产业

培育发展氢能设备制造及相关产业，未来将建成加氢站2座，推进氢能公交车、物流车、市政环卫车运行规模达到1 000辆。

2. 发展风、光储装备相关制造产业

城区在风电、光伏、储能等新能源方面有良好的产业基础，主营风电变流器、光伏逆变器、电池、充电桩、核电厂电气仪控设备、智控系统等相关产品。未来继续加大力度培育发展风力发电、太阳能光伏、电池储能、智能电网装备相关制造产业，实现能源资源和产业融合发展。

3. 培育壮大新能源汽车及配件产业

依托某开发区的集聚作用，整合资源、集中开发、延长产业链条，提升新能源汽车整车及电机、电控、动力电池、充电桩、车用监测设备等配件的研发生产能力，形成从关键零部件到成套系统的产业体系。以无人驾驶项目落户为牵引，发展智能网联汽车，带动本地汽车电子产业升级。未来形成"专精特新"的新能源汽车整车及配套产业集聚。

4. 培育绿色建筑服务产业

积极引进和培育绿色建筑服务产业，围绕核心区域打造绿色建筑服务产业集聚基地。持续提升绿色建筑发展水平，提升城市发展质量，全力打造绿色、低碳、生态的宜居环境。

（八）创新能力显著提升

1. 培育能源领域企业研发机构

依托能源领域现有相关企业力量，充分发挥企业在技术创新中的主体作用，围绕清洁能源、节能环保、大数据、人工智能等各领域，支持企业开展能源绿色技术创新项目，鼓励和培育建立健全企业研发机构等自主研发机构，提高企业技术创新能力，推进产学研科技合作，为企业产品升级和规模化生产提供技术支撑，提高绿色技术研发能力，强化科技成果研发和转化，进一步发展能源领域新技术、新产品、新业态、新模式，大幅提升企业自主创新能力和核心竞争力，把企业研发力量加速转化为经济和产业竞争优势。

2. 培育能源研究新型科研机构

积极深入实施创新驱动发展战略，培育孵化能源研究新型科研机构，以市场需求为导向，探索能源科学领域研究与技术研发，开展相关成果转移转化、创业孵化、投融资等科技服务活动，服务于区域产业发展、企业培育、人才集聚。

五、特点总结

本规划从能源资源禀赋、经济社会发展现状、能源环境政策、未来发展目标等方面出发，统筹考虑城区能源需求、发展建设时序，并与上位规划①相互协同，优化匹配能源供应设施，统一规划、分步实施，实现区县能源与经济、社会、产业、环境的协同发展。规划遵循6条基本原则，即以"以人为本"为根本宗旨，以"安全韧性"为基础底线，以"绿色低碳"为主导方向，以"节能高效"为主要路径，以"智慧协同"为重要支撑，以"创新发展"为核心动力。根据城区实际情况及对未来发展形势的预测，提出本地资源充分利用、能源供应安全高效、能源消费节约优化、能源系统智慧互动、空间形态生态友好、能源管理精益提升、产业规模逐步扩大、创新能力显著提升等八大类18项指标、28项重点任务。

---

① 根据城乡规划体系的层级结构，在特定规划层次之上，对本层次规划具有指导和约束作用的相关规划。

第七章 园区能源规划案例

此处选取江苏省苏南地区某园区综合能源规划案例进行阐述。此园区面积约 2 km²，靠近长江并与两座大型火力热电厂相邻。园区的防护、绿化用地占 53.6%、工业用地占 37.7%、居住用地占 7.7%、商业用地占 0.96%。园区内的产业规划以信息装备制造、新材料产业为主，前期意向入驻的企业包括某新材料公司、某通信公司等。目前园区内已初步建设标准化厂房，能源基础配套设施待建。同时，在园区外部的东北方向临近地块计划引进一座数据中心，本方案同步予以考虑。

一、本地资源禀赋分析

园区与热电厂相邻，有丰富的低品位热能和工业用水资源可供选择使用。本地属于太阳能资源三类地区，据测算，可利用园区厂房等建筑屋顶布置屋顶分布式光伏发电系统 8.3 MW、光伏幕墙系统 4.1 MW，太阳能光伏发电采用"自发自用、余电上网"模式。由于政策原因，园区内部暂不考虑使用风力发电机。

二、能源需求分析

园区内的负荷以工业负荷为主，兼有住宅和商业负荷。能源需求分析主要包括电力负荷、蒸汽负荷、空调负荷等。

（一）电力负荷

根据园区计划引进产业情况，参考苏州市某区 2010—2030 年的总体规划、《配电网规划设计技术导则》（Q/GDW 10738—2020）等，开展电力负荷预测如下：园区内一类工业用地平均电力负荷密度为 39.0 MW/km², 三类工业用地平均电力负荷密度为 45.5 MW/km², 商业用地平均电力负荷密度为 45.5 MW/km², 二类居民用地平均电力负荷密度为 32.5 MW/km², 其他用地平均电力负荷密度为 10.0 MW/km²。采用负荷密度指标法进行电力负荷预测，园区电力负荷约为 48.8 MW。园区电力负荷估算表如表 7-1 所示。

表 7-1　园区电力负荷估算表

序号	地块	用地类型	占地面积/km²	指标/(MW/km²)	电力负荷/MW
1	WB01-04-05	三类工业用地	0.06	45.5	2.73
2	WB01-04-06	三类工业用地	0.12	45.5	5.46
3	WB01-04-07	排水用地	0.08	10	0.8
4	WB01-04-08	防护用地	0.08	10	0.8
5	WB01-06-01	防护用地	0.51	10	5.1
6	WB01-06-05	二类居住用地	0.16	32.5	5.2
7	WB01-06-06	商业用地	0.02	45.5	0.91
8	WB04-03-22	防护绿地	0.41	10	4.1
9	WB04-03-23	一类工业用地	0.23	39	8.97
10	WB04-03-24	一类工业用地	0.3	39	11.7
11	WB04-03-25	一类工业用地	0.07	39	2.73
12	WB04-03-27	防护绿地	0.01	10	0.1
13	WB04-03-28	防护绿地	0.02	10	0.2
合计			2.07		48.8

注：待入驻企业信息确认后，后续将根据入驻企业的具体负荷需求再进行单独核算。

园区附近的某数据中心拟建设 5 栋数据中心大楼，根据数据中心机柜及数据中心建筑规模，初步测算数据中心总用电规模约 200 MW。

（二）蒸汽负荷

蒸汽负荷估算主要考虑园区内工业用地已批准或明确的扩建和新建项目热负荷，根据《江苏省热电联产规划编制大纲》规定：一类工业用地按指标取 0.2 t/（h·ha），二类工业用地取（0.2~0.5）t/（h·ha），三类工业用地取（0.5~1.27）t/（h·ha）。估算蒸汽负荷见表 7-2。

表 7-2 蒸汽负荷估算表

序号	地块	用地类型	面积/ha	蒸汽负荷指标/[t/（h·ha）]	蒸汽负荷需求/（t/h）
1	WB01-04-05	三类工业用地	6.26	1	3.756
2	WB01-04-06	三类工业用地	12.08	1	7.248
3	WB04-03-23	一类工业用地	22.96	0.2	2.755 2
4	WB04-03-24	一类工业用地	30.18	0.2	3.621 6
5	WB04-03-25	一类工业用地	6.96	0.2	0.835 2
	合计		78.44		18.216

注：待入驻企业信息确认后，后续将根据入驻企业的具体负荷需求再进行单独核算。

（三）空调负荷

1. 公共建筑空调负荷

采用指标法对公共建筑的空调冷热负荷进行估算，分别如表 7-3 和 7-4 所示。

表 7-3 公共建筑空调冷负荷估算表

地块	用地类型	空调面积/m²	冷负荷指标/（W/m²）	冷负荷/kW
WB01-04-05	三类工业用地	28 170	120	3 380
WB01-04-06	三类工业用地	54 360	120	6 523
WB04-03-23	一类工业用地	103 320	120	12 398

续表

地块	用地类型	空调面积/m²	冷负荷指标/(W/m²)	冷负荷/kW
WB04-03-24	一类工业用地	135 810	120	16 297
WB04-03-25	一类工业用地	31 320	120	3 758
WB04-03-26	商业用地	97 200	200	19 440
合计		450 180		61 796

表 7-4 公共建筑空调热负荷估算表

地块	用地类型	空调面积/m²	热负荷指标/(W/m²)	热负荷/kW
WB01-04-05	三类工业用地	28 170	74	2 082
WB01-04-06	三类工业用地	54 360	74	4 018
WB04-03-23	一类工业用地	103 320	74	7 636
WB04-03-24	一类工业用地	135 810	74	10 037
WB04-03-25	一类工业用地	31 320	74	2 315
WB04-03-26	商业用地	97 200	123	11 973
合计		450 180		38 061

公共建筑空调冷负荷为 61.80 MW，热负荷为 38.06 MW，集中能源站考虑 0.8 的同时使用率，则园区公共建筑空调负荷的典型日负荷曲线如图 6-7 所示。能源站夏季典型日冷负荷曲线、日热负荷曲线分别如图 6-7、图 6-8 所示。

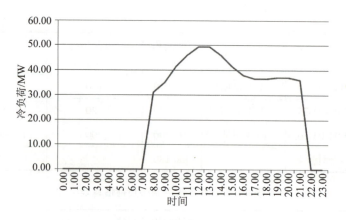

图6-7 能源站夏季典型日冷负荷曲线

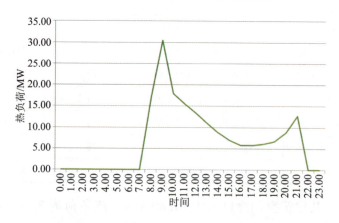

图6-8 能源站冬季典型日热负荷曲线

2. 数据中心冷负荷

拟建设的数据中心按照 A 级数据中心标准建设，占地面积 211 亩（约为 $1.41×10^5$ m²）（空地），按照机柜的散热负荷估算出数据中心的冷负荷 168 MW，数据中心按照 365 天运行，年耗冷量约为 529.80 万 GJ。

（四）总体负荷特性

根据典型建筑负荷特性曲线模拟园区全年电、冷、热负荷特性曲线，如图6-9所示。由于数据中心的电力负荷及制冷负荷均呈现负荷功率大、负荷稳定等特点，为了更加直观地展示负荷特性曲线，故未将数据中心的负荷特性在图中显示。

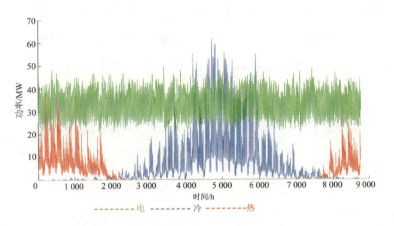

图 6-9　园区全年电、冷、热负荷特性曲线

三、能源系统规划

（一）电力供应方案

根据电力负荷预测结果，园区电力负荷约为 48 MW，在园区内规划布置 7 座 10 kV 开关站进行供电。10 kV 电网采用双环网接线形式，上级电源点来自 110 kV 碧某变和 110 kV 吴某变。

数据中心规划建设一座 220 kV 用户变电站为其供电，220 kV 大数据变通过两回 220 kV 线路分别与 220 kV 书某变及 220 kV 周某变相连。

（二）空调负荷供应方案

1. 公共建筑

结合区域总体规划，贯彻集约高效的发展理念，园区内规划建设能源站集中供应冷（热）。由于使用电厂蒸汽有基本容量费，所以冷热源方案不考虑"冷水机组+余热蒸汽"的组合方案，只对比分析余热蒸汽利用和"电制冷冷水机组（蓄冷）+燃气锅炉（蓄热）"两种冷热源方案。本案例中，电价为 0.705 4 元/（kW·h）（其中，双蓄电价为 0.335 1 元/（kW·h）、天然气价格为 3.105 元/m³、蒸汽价格为 200 元/t，两种冷热源方案经济性、环境效益对比分析如表 7-5、表 7-6 所示。

表 7-5 能源站冷热源方案经济性对比分析表

对比方案	余热蒸汽	电制冷冷水机组+燃气锅炉
设备配置/MW	吸收式冷水机组 6×9 304 kW 吸收式热泵 6×5 000 kW	电制冷冷水机组 12×4 219 kW 燃气锅炉 5×7 MW 蓄冷蓄热 10 MW
主设备投资/万元	4 380	4 500
年燃料直接费用/万元	900	1 000

表 7-6 能源站冷热源方案环境效益对比分析表

对比方案	余热蒸汽	电制冷冷水机组+燃气锅炉
耗煤量/t	4 991	5 309

通过对比分析，能源站采用电厂余热蒸汽的主设备投资比"电制冷冷水机组+燃气锅炉"的主设备投资减少 120 万元，年燃料直接费用减少 100 万元，减排 318 tce，因此集中能源站冷热源方案可采用电厂余热蒸汽资源供给，电制冷机组和燃气锅炉作为应急备用。在没有热源或热源不足的情况下，利用冷水机组和燃气锅炉来满足能源站内集中空调系统的冷负荷需求，同时设置蓄冷蓄热系统，具体设备清单见表 7-7。

表 7-7　能源站主要设备清单

序号	主设备选型	设备参数	单位	数量
1	吸收式制冷机组	制冷量为 9 304 kW，蒸汽耗量为 10 t/h	台	5
2	吸收式热泵	供热量为 5 000 kW，蒸汽耗量为 4.2 t/h	台	4
3	电制冷机组（备用）	制冷量为 2 637 kW	台	5
4	燃气锅炉（备用）	额定功率为 7 MW	台	1
5	蓄冷蓄热系统	3 MW/12 MW·h	套	1

能源站蓄冷蓄热系统的工作运行方式示意图如图 6-10、图 6-11 所示。

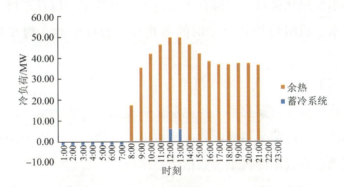

图 6-10　能源站供冷运行方式示意图

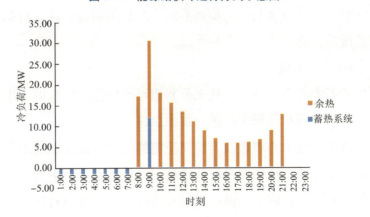

图 6-11　能源站供热运行方式示意图

2. 数据中心

依据《数据中心设计规范》(GB 50174—2017) 中的相关要求，数据中心按照 A 级标准建设，该数据中心的供冷（热）方案主要对比分析以下几种。

（1）天然气三联供系统（冷水机组备用）

利用天然气发电，余热用于供冷，既实现对能源的梯级利用，提高了系统的综合能源利用率，又满足了数据中心的电负荷和冷负荷需求。采用天然气三联供用于数据中心供能，发电设备一般采用燃气内燃机或燃气轮机，余热回收利用装置为烟气热水型溴化锂机组，综合考虑机组发电效率，以及对燃气压力要求、机组造价和启动时间等指标，数据中心一般采用内燃机。

（2）余热蒸汽（冷水机组备用）

该种供能方案热源采用电厂余热蒸汽，变废为宝、节约资源和能耗，冷源采用吸收式冷水机组。由热电厂出来的余热蒸汽驱动吸收式制冷机组为数据中心供冷。

（3）冷水机组

该种供能方案利用大型离心式冷水机组制冷，这是数据中心传统的供能方式。

（4）水源热泵

数据中心靠近长江，从充分利用可再生能源的角度考虑利用长江水资源对数据中心进行集中供应。

由于数据中心周边没有长期稳定的热负荷需求，故不考虑对数据中心的余热资源进行回收利用。根据上一节中数据中心的负荷预测，数据中心供冷方案经济性、环境效益对比分析分别如表 7-8、表 7-9 所示。

表 7-8　数据中心供冷方案经济性对比分析表

对比方案	方案一 天然气三联供	方案二 余热蒸汽	方案三 电制冷 冷水机组	方案四 水源热泵
设备配置/MW	燃气内燃机 44×4.4 MW； 吸收式冷水机组 44×3.9 MW	吸收式 冷水机组 19×9 304 kW	电制冷 冷水机组 40×4 219 kW	水源热泵 机组 120×1.4 MW
设备投资/万元	61 600	9 500	10 000	39 600
年燃料直接费用/万元	44 986.7	36 266.4	24 943.9	21 825.9

表 7-9　数据中心供冷方案环境效益对比分析表

对比方案	方案一 天然气三联供	方案二 余热蒸汽	方案三 电制冷冷水机组	方案四 水源热泵
耗煤量/t	40 471	173 406	237 823	148 639

通过对比分析，数据中心四种供冷方案中主设备投资最高的是天然气三联供系统，最低的是热电厂的余热蒸汽系统；运行的燃料费用最高的是天然气三联供系统，最低的是水源热泵系统，四种方案中经济性最好的是水源热泵方案（设备折旧按15年计算）。

数据中心距离热电厂直线距离不大于 2 km。根据《民用建筑供暖通风与空调调节设计规范》（GB 50736—2012）："有可供利用的废热或工业余热的区域，热源宜采用废热或工业余热"和《绿色生态城区评价标准》（GB/T 51255—2017）："合理利用余热废热资源"的相关要求，为了进一步体现方案的地区特性，充分利用本地低品位热能，经综合考虑，数据中心供冷系统可采用余热蒸汽系统,主要设备清单如表 7-10 所示。

表 7-10 数据中心供冷系统主要设备清单

序号	主设备选型	设备参数	单位	数量	备注
1	吸收式制冷机组	制冷量:9 304 kW,蒸汽耗量:10 t/h	台	19	
2	冷水机组	制冷量:4 219 kW	台	19	备用

(三)工业蒸汽供应及管网规划方案

蒸汽从某电厂通过蒸汽管道直接向区域内的工业用汽企业供应。

综合考虑区域开发建设进度与枝状管网、环状管网的特点,本项目的输配管网采用枝状管网。综合技术经济等多方面因素,管网干管的敷设方式推荐采用预制保温管直埋敷设的形式,地块内的总管和支管可利用地块地下空间架空敷设。

蒸汽管道从电厂沿电厂路敷设,一路送往能源站,另一路继续沿电厂路向南直接送往各用蒸汽企业。根据《城镇供热管网设计规范》(CJJ 34—2010)规定:蒸汽管网水力计算时,应按设计流量进行设计计算,再按最小流量进行校核计算,保证在任何可能的工况下满足最不利用户的压力和温度要求。最大允许设计流速按照 80 m/s(DN200 及以下 50 m/s),通过计算采用 DN100-DN550 的供热蒸汽管道。

冷热水管从能源站出来,一路向东送往商业地块,另一路继续沿电厂路向南直接送完各企业。供暖系统:供回水温度取 55/45 ℃,制冷系统:供回水温度取 7/13 ℃,通过计算采用 DN350-DN600 的冷热水管道。

图 6-12 热网布置示意图

(四) 效益分析

本次财务分析只包括区域内的供冷供热系统。暂不考虑建设用地费用,未包括能源站通风、消防、给排水及站外配套费用;主要设备为市场询价,电价为 0.705 4 元/(kW·h)、热价为 110 元/GJ,冷价为 120 元/GJ,蒸汽价为 200 元/t。公共建筑夏季按照 120 天运行,冬季按照 100 天运行,考虑 80%的同时率,则公共建筑年耗冷量为 12.67 万 GJ,年耗热量为 3.14 万 GJ,数据中心年耗冷量约为 529.80 万 GJ,则供冷(热)的经济效益如表 7-11 所示。

表 7-11 供冷（热）经济效益分析

序号	项目	单位	数据
1	固定资产静态投资	万元	116 775
2	年均销售收入	万元/年	65 441.80
3	年均总成本费用	万元/年	50 752.17
4	年均所得税	万元/年	3 300.45
5	年均利润额（所得税前）	万元/年	13 201.79
6	年均利润额（所得税后）	万元/年	9 901.34
7	盈利指标		
7.1	项目投资财务内部收益率（所得税前）	%	12.78
7.2	项目投资财务内部收益率（所得税后）	%	11.44

由表 7-11 可知：园区供冷供热系统的总投资为 116 775 万元，项目投资财务内部收益率为 12.78%（所得税前）。

通过分析建设投资、蒸汽价格、供热价格和供冷价格等单因素变化对项目投资财务内部收益率的影响（图 6-13），可知供冷价格的敏感性最强，建设投资和蒸汽价格次之，供热价格的敏感性最低。

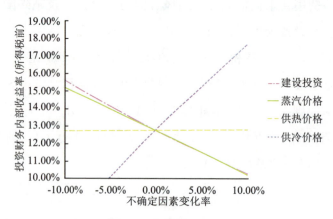

图 6-13 敏感性分析图

(五）小结

本案例针对某工业园区开展综合能源系统规划分析，案例对比分析了园区及数据中心不同能源供应方案的经济效益和环境效益，提出了园区内部综合能源系统配置、管网规划等方案。由案例可知，本地电力、燃气、热力等主要能源成本和资源禀赋都是影响能源系统技术方案选择的重要因素。此外，在规划工作中，在技术经济特性合理的前提下，应充分利用本地能源资源禀赋，打造有鲜明地方特色的能源规划方案。

第八章 特色小镇能源规划案例

一、项目概况

(一) 项目简介

某特色小镇是中国水乡文化古镇,拥有 1 000 多年历史。地处长三角核心位置,区位优势得天独厚。东临上海,处于上海经济圈 100 km 辐射圈。行政区划 176 km^2,是长三角地区重要的休闲旅游胜地,全国古镇旅游典范与国家级文化旅游示范区,世界级古镇文化旅游目的地。

规划区的规划面积为 2.96 km^2。地块现状主要为空地,东北角有少量工业用地。该小镇所在地区也是能源变革重点示范项目和国际能源变革的示范窗口,该特色小镇的规划分区如图 8-1 所示。

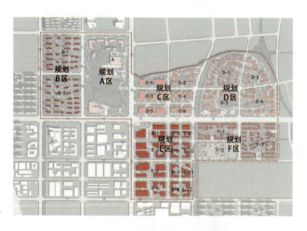

图 8-1 特色小镇规划分区示意图

该特色小镇建筑面积统计情况如表 8-1 所示。

表 8-1　特色小镇建筑面积统计

区域	面积/m²	净租赁面积/m²	容积率
国际能源变革永久会址-A 区	438 600	137 861	0.3
休闲居住社区-B 区	374 900	664 801	1.8
新能源产业示范（办公区）-C 区	277 100	550 742	2.0
新能源产业示范区（居住区）-D 区	432 800	507 638	1.2
商业办公区-E 区	461 400	1 538 890	3.3
休闲居住区-F 区	358 000	651 261	1.8

从总体来看，目前该地区已建成电力、燃气、供水等供应网络，能源基础设施完备。但作为能源变革重点示范项目和国际能源变革的示范窗口，仍需进一步提升能源供应品质，提升能源系统智慧水平。能源系统的优化和提升空间主要体现在以下几点。

（1）能源综合转换效率和技术水平需要进一步提高

区内能源系统条块分割明显，多能源横向融合较为欠缺，限制了能源的整体高效利用。电力、天然气和热力等能源的生产、供应和利用技术相对较为常规，先进技术应用力度不足。

（2）能源的数字化、信息化程度较低

能源系统的数字化、信息化缺乏统一的发展规划，基础建设、应用整合和数据共享等建设缺乏整体统筹考虑，综合性能源系统管控平台建设不足，能源系统的综合优化缺乏信息化支撑。

（3）主要能源供应的可靠性有待提升

供电可靠性距世界先进城市仍有一定差距。主要能源的供应可靠性仍需进一步提高，满足特色小镇未来较高定位的发展需要。

(4) 本地可再生能源利用程度较低

从总体上看，整体可再生能源配比较低，2016年可再生能源在能源消耗总量中占比仅为4.15%，有进一步提升空间。

(二) 规划思路

特色小镇将紧密围绕"可持续发展的综合能源系统、宜居的能源变革创新试验基地、可复制推广的能源变革示范"三大目标，以"可持续发展的综合能源系统"为物理载体，重点结合能源系统高度集成、清洁能源充分利用、能源融入城市发展、能源系统智慧互动几个特征进行建设；以"宜居的能源变革创新试验基地"为创新支撑，将从新兴产业高度集聚和基础设施开放共享两方面进行拓展建设；以"可复制推广的能源变革示范"为价值提升，重点开展能源变革高度感知和变革实践有效推广。基于八项特征内涵孵化出八大具体实施举措，重点打造共三十项综合能源示范工程，将小镇建成集能源清洁供应、高效集成、品质服务、智慧管理和社会感知于一体的综合能源典范区，充分发挥苏州在城市能源变革方面的表率作用。

(三) 规划目标

1. 总体目标

中长期目标是初步建成特色小镇永久会址区，能源综合利用效率达到80%以上，本地清洁能源消费占比达到30%以上，建筑年能耗水平控制在60 kW·h/m^2，可控负荷占比达到10%，供电可靠性达到99.999 9%，初步建成分布式能源的灵活交易体系。

远期目标是进一步提升综合能效、清洁能源占比、交通电气化率、可靠性等指标水平，能源综合利用效率达到90%以上，本地清洁能源消费占比达到40%以上，建筑年能耗水平控制在 50 kW·h/m², 可控负荷占比达到 20%, 全面建成特色小镇, 打造城市能源变革示范窗口和创新基地, 实现各项指标国际领先, 全面树立城市能源变革品牌形象, 向国内外展示城市能源变革先进成果。

2. 指标体系

以打造六个典范为目标, 建立特色小镇规划目标指标体系(表 8-2), 目标指标体系主要用于树立发展导向。

表 8-2 某特色小镇规划目标指标体系

维度	序号	关键指标	指标值
能源系统高度集成	1	单位生产总值能耗	0.3 tce/万元
	2	电能占终端能源消费比例	80%
	3	能源综合利用效率	90%
	4	单位生产总值二氧化碳排放量	0.3 t/万元
清洁能源充分利用	5	本地可再生能源发电消纳率	100%
	6	本地清洁能源占能源消费比例	40%
能源消费节约优化	7	单位建筑面积能耗	100 kW·h/(m²·a)
	8	公共交通电气化率	100%
	9	绿色交通百分比	≥75%
	10	供电可靠性	100.00%
能源系统智慧互动	11	源网荷储系统覆盖率	100%
	12	能源设备智慧管控平台接入率	100%
	13	使用 ICT 交通百分比	≥60%
	14	可控负荷占比	20%
新兴产业高度集聚	15	创新能源项目数量	≥3 个/年
	16	引进能源创新企业数量	≥1 个/年

续表

维度	序号	关键指标	指标值
基础设施开放共享	17	公共停车场充电设施比例	30%
	18	单位面积综合管廊长度	2 km/km²
	19	综合能源服务覆盖率	100%
能源变革高度感知	20	空气质量水平	≥65%
	21	用户满意度	95%
	22	品牌认可度	95%
	23	年均参观人数	200万人/年
变革实践有效推广	24	媒体曝光度	至少2.5亿人

二、本地资源禀赋分析

特色小镇具备多种类型的清洁能源，区县内拥有较为丰富的水资源、太阳能资源和生物质资源，也有使用小型低速风机的风资源，拟挖掘风能、太阳能、生物质能、低品位热能等可再生能源禀赋，再依托苏州市电、热等管网资源，为小镇提供清洁的电、气、冷、热能源供应，各种资源禀赋概况如表8-3所示。

表8-3 本地区资源禀赋概况

资源类型	资源情况	应用技术	适用性分析
太阳能资源	全年太阳总辐射强度为4 605.55 MJ/m²，全年日照时数为1 829 h	光伏发电、太阳能制热	适用
风力资源	历年平均风速为3.4 m/s，风力条件较差，不具备大规模开发条件，仅适用低速风机	风力发电	局部适用

续表

资源类型	资源情况	应用技术	适用性分析
生物质能	含特色小镇在内 3 km² 的垃圾年产量 2 000 t/年，利用其生物质能制气，可燃气年产量 2 200 Nm³	制备沼气、直燃	适用
地热能	土壤潮湿，地下水位高，含水量充足，可充分利用浅层地热能供应周边建筑的空调和生活热水用能，但规划区域容积率较高，开发受限	地源热泵	局部适用
燃气条件	某古镇内已经配套建成中压（A）燃气管道，管道公径（De）160 mm，年总输配气量约 67 万 Nm³，燃气费用（3.0~3.5）元/m³；某特色小镇也规划建设燃气管道	小型区域热电冷三联供（CCHP）	适用
		燃气热电联产	适用
废水资源	镇域范围及周边规划建设有 3 座污水处理厂，处理规模分别为 15 万 t/d、1 万 t/d 和 2 万 t/d	污水源热泵	适用
地表水资源	湖面积约 2.4 km²，一般水深 2~3 m，水体巨大，水资源通过沿湖的地表水源热泵采集利用，可满足规划区域内启动区、滨湖商业区内各类建筑的用冷/热需求	水源热泵	适用
空气能资源	属于夏热冬冷地区，四季分明，气候温和，年平均温度16 ℃左右	空气源热泵	适用

（一）太阳能潜力分析

根据特色小镇的总平面图计算，所有建筑的总宅地面积约为 451 827 m²。考虑到建议的光热组件额定发热功率约为 777 W/m²，屋顶光热的最大发热功率为 175.5 MW（有效面积为总宅地面积的 0.5 倍）。考虑到建议的光伏组件额定发电功率约为 208 W/m²，屋顶光伏的最大发电功率为 46.99 MW（有效面积为总宅地面积的 0.5 倍），光伏幕墙的最大发电功率为 1 377 MW。

（二）分散式风电潜力分析

考虑该区域的综合规划，无大型三叶风机安装在该区域，安装的每台垂直风机最大功率约 1.09 kW（垂直风机的额定风速为 13 m/s，切入/切出风速为 3 m/s、15 m/s）。按照平均每幢建筑安装 3 台垂直风机，本地区的建筑总数预计为 344 幢，预计垂直风机的最大装机容量为 1.12 MW。根据对本地区风资源的统计数据折算，垂直风机的最大负荷工作小时数为 296 h，垂直风机的年最大发电量约为 323 MW·h。

（三）地源热泵潜力分析

本地区地热资源储存的地下位置主要为浅层地热资源。根据小镇的总平面图预测，小镇可用来安装热泵的面积约为 44 000 m²，每两个钻孔之间的距离为 4.5 m，因此需要的钻孔数量约为 2 173 个。根据每个钻孔的平均热交换功率为 3 kW 估算，该地区可为热泵提供的平均热功率为 6 520 kW，年发热量预计为 45 000 MW·h（按照年平均利用小时数 7 200 h 计算）。通过地源热泵进行热量输出，假设地源热泵的平均能效比（COP）为 5，该地区的地热能可以提供的最大热功率将超过 8 MW。本项目以下的分析中将最大热功率设定为 8 MW。

三、能源需求分析

（一）建筑冷热负荷分析

基于 DEST 软件模拟小镇内不同建筑全年 8 760 h 的逐时负荷，基于规划区内绿色建筑星级定位及超低能耗建筑定位，进一步获取建筑超低能耗指标体系下的负荷及能耗需求，根据区域内不同类型建筑面积，进一步计算整个区域的逐时冷、热负荷。

不同建筑空气调节和供暖系统日运行时间、供暖空调区域室内温度、照明功率密度、照明开关时间、不同房间人均占有建筑面积、房间人员在室率、不同房间人均新风量、电气设备功率密度、电气设备逐时使用率、建筑热工等参数均按照《江苏省公共建筑节能设计标准》中相关要求进行设置。

按照区域不同建筑类型面积和区域负荷数值，叠加分析获得区域建筑总供冷供热负荷需求如图8-2所示。

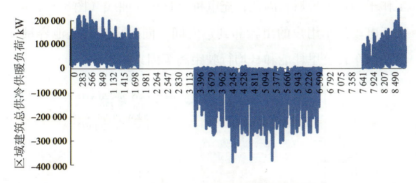

图8-2 规划区不同类型建筑总负荷需求

（二）交通负荷分析

规划区电动汽车充电功率均视为直流功率。尽管电动汽车增速很快，直流充电需求也随之增长迅猛，但相比于建筑里的交流负荷，直流负荷仍较小。电动汽车负荷预测结果如表8-4所示。

表 8-4　电动汽车负荷预测表

充电桩功率	A 区		B 区	
	私家车	公用车	私家车	公用车
3.5 kW	0	0	300	0
7 kW	0	50	300	150
43 kW	0	50	20	130
合计	2.73 MW		5.46 MW	

根据充电桩所在位置可将其分为商业充电桩和民用充电桩，商业充电桩主要工作于白天用户上班时，民用充电桩主要工作于用户下班后。因此，充电桩每日负荷曲线（图 8-3），取决于电动汽车用户的出行和到达时间，同时也受到电池容量、电动汽车百公里耗能和日均行驶距离等因素的影响。

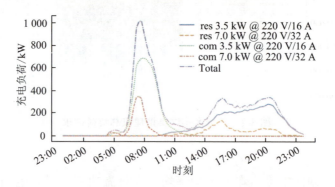

图 8-3　充电桩每日负荷曲线

图中商业办公区的充电负荷高峰在 8:00 左右，持续时间 2 小时，居住区充电负荷高峰发生在 16:00 以后和 21:00 之间，负荷高峰较办公区较低，持续时间更长。全天负荷高峰集中在上午，午间和夜间为负荷低谷，峰谷分布基本符合出行规律。

根据道路照明模型计算得出街道照明输出功率如图 8-4 所示，图中红色区域代表全功率照明，蓝色区域代表无照明，横坐标表示一年的时间；纵坐标表示一天的时间。由图 8-4 可得，在一年的时间当中，中间部分夏季昼长夜短，每日的照明时间短；冬季昼短夜长，照明时间也随之增加。

根据对道路照明的电力需求测算，其最高负荷为 4.1 kW，年能耗为 18.2 MW·h。

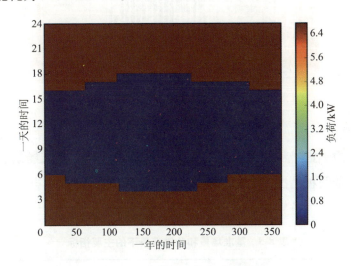

图 8-4　街道照明输出功率图

（三）总体负荷分析

综上，小镇的冷、热、电负荷需求曲线如图 8-5 所示，该结果中的电负荷不包含供冷和供热用电的基础电负荷。负荷预测以一年 365 天为计算周期，以一小时为计算时间间隔，每类负荷共计 8 760 个时间点。

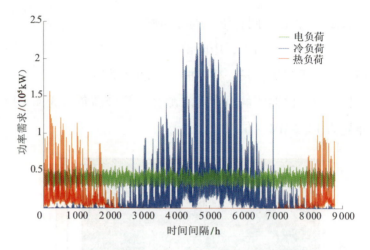

图 8-5　小镇冷、热、电负荷数据

为了进一步提升研究的完善性，此处设置了基准场景和改进场景两种情况，具体指标对比如表 8-5 所示，电、热、冷负荷分析结果分别如表 8-6、表 8-7、表 8-8 所示。

表 8-5　基准场景和改进场景下的主要指标

指标	基准场景	改进场景
建筑典型标准占比	100%	—
建筑中等标准占比	—	70%
建筑高等标准占比	—	30%
电力使用	基准	改进
强制通风	制热、制冷	制热、制冷
电动汽车占比	考虑年增长率（高于基准）	考虑年增长率（高于基准）

表 8-6 电负荷分析结果

场景	电负荷（不包括供冷/热所需的电负荷）			
	年能耗量/(MW·h)	单位面积年能耗量/(kW·h/m²)	年峰值功率/MW	单位面积能耗功率/(W/m²)
标准场景	289 670	71.5	107.7	15.22
改进场景	170 950	42.2	63.0	9.19

表 8-7 热负荷分析结果

场景	热负荷（不包括家庭用（热）水需求）			
	年能耗量/(MW·h)	单位面积年能耗量/(kW·h/m²)	年峰值功率/MW	单位面积能耗功率/(W/m²)
标准场景	571 940	141.2	341.2	75.9
改进场景	169 830	42.0	163.6	30.0

表 8-8 冷负荷分析结果

场景	冷负荷（不包括家庭用（热）水需求）			
	年能耗量/(MW·h)	单位面积年能耗量/(kW·h/m²)	年峰值功率/MW	单位面积能耗功率/(W/m²)
标准场景	273 010	67.4	355.6	74.4
改进场景	189 240	46.7	163.7	29.8

四、能源系统规划

（一）能源系统配置

能源系统规划主要分为两种方案，方案一是基于化石能源的分散式供能系统，方案二是基于可再生能源的集中式供能系统。

方案一中主要使用的技术包括燃气锅炉、压缩制冷、吸收制冷、燃气轮机热电联产、燃气内燃机热电联产、换流器（AC/DC、DC/AC），不包括光伏、光热、风电、制氢、储氢、燃料电池、电池、储热、储冷等。

方案二为本项目推荐方案，统一规划能源站及冷热网络，主要技术包括燃气锅炉、压缩制冷、吸收制冷、燃气轮机热电联产、燃气内燃机热电联产、换流器（AC/DC、DC/AC）、光热、风电、制氢、储氢、燃料电池、电池、储热、储冷、地源热泵、电锅炉。系统的配置原理示意图如图8-6所示。

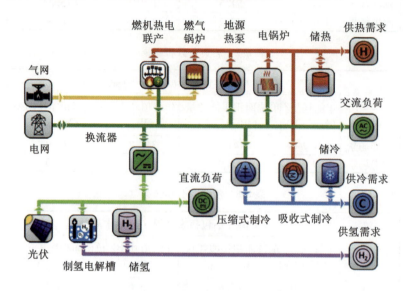

图8-6　小镇能源系统配置示意图

系统具体容量配置如表8-9、表8-10所示。

表8-9　小镇能源系统配置（一）

技术	平均负荷/MW	装机容量/MW	负荷率/%
燃机热电联产	18.1	42.4	42.7
燃气锅炉	14.6	89.2	16.4
电锅炉	0.1	3.7	2.7
地源热泵	3.6	8	45
压缩式制冷	20.5	116.4	17.6
吸收式制冷	5.5	28.3	19.4
屋顶光伏	7.5	47.0	16.0

续表

技术	平均负荷/MW	装机容量/MW	负荷率/%
墙面光伏	1.1	12.9	8.5
换流器	7.5	45.4	16.5
制氢电解槽	0.85	0.98	86.7

表 8-10 小镇能源系统配置（二）

储能技术	平均负荷/MW	容量/（MW·h）	负荷率/%
储热	—	142.0	—
储冷	—	351.1	—
储氢	—	1.72	—

（二）项目布局

根据上述能源系统分析，规划了一批能源项目，其布局示意图如图 8-7 所示。

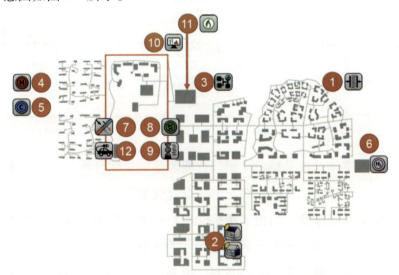

1—30%被动式建筑；2—光伏（屋顶+墙面）；3—能源集线器；
4—区域供热网络；5—区域供冷网络；6—多功能绿色充电站；
7—双向冷热网络；8—直流配电网示范；9—垂直风机；10—智能楼宇；11—生物质能供气；12—电动汽车

图 8-7 小镇能源系统项目布局示意图

（三）效益分析

小镇综合能源系统分析若以年度成本最少为优化目标（表8-11）时，基于可再生能源的集中式供能系统相比基于化石能源的分散式供能系统可以减少41%的费用及58%的二氧化碳（CO_2）排放量。

若以能源系统 CO_2 排放量最小为优化目标时，基于可再生能源的集中式供能系统相比基于化石能源的分散式供能系统可以减少59%的 CO_2 排放量，但是会增加6%的费用。

表8-11　不同优化目标下两种系统的年度成本与 CO_2 排放量

优化目标	基于化石能源的分散式供能系统		基于可再生能源的集中式供能系统	
	年度成本/亿元	CO_2 排放量/t	年度成本/亿元	CO_2 排放量/t
年度成本最小	5.69	321 541	3.35	136 443
系统 CO_2 排放量最小	6.38	286 183	6.74	116 909

五、小结

本案例开展某特色小镇综合能源系统规划分析，分析了本地能源资源禀赋及冷、热、电等综合能源需求，提出了小镇综合能源系统配置，给出了小镇能源系统项目布局。以年度成本最少和以能源系统 CO_2 排放量最小为优化目标，分别测算了系统年度运行成本及 CO_2 排放量，并总结类似小镇综合能源系统规划思路如图8-8所示。

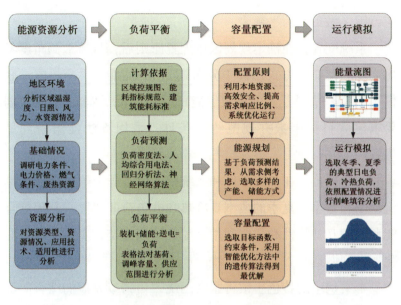

图 8-8　综合能源系统规划思路

小镇综合能源系统规划大致可以分为四大步骤，即能源资源分析、负荷需求预测与平衡、系统配置和运行场景分析。

能源资源分析，根据确定的规划区域的地区环境和各项基础条件，进行技术适应性研究，分析可利用资源的规模潜力、输出能源品位，包含常规能源资源潜力评估、可再生能源资源潜力评估和余热余能资源评估。资源较为丰富的可规模应用，新型技术或资源相对薄弱的可作为示范在局部利用。

负荷需求预测与平衡，首先依照区域控规图得到占地面积和建筑面积，加上规范标准内的能耗指标，采用负荷密度法算出规划区域内各功能地块的负荷。新建地区信息量少，目前只能采用负荷预测法，待建筑类型、人口规模确定后可根据建筑模拟能耗，描绘典型日逐时负荷，采用人均综合用电法对负荷预测进行交叉验证。后期通过数据采集，可采用统计学算法对负荷预测进行滚动修正。利用表格法分析基荷、调峰容量和供应范围，做出负荷平衡表。

系统配置，在确定规划区域配置原则后，从需求侧角度考虑产能和储能的方式，将"分布式光伏+储能""冷热电三联供""热泵+蓄冷""生物质供能+储热"有机结合，根据规划要求建立目标函数并规范约束条件，采用算法搜索得到最优解。

运行模拟，在负荷平衡和系统配置的基础上绘制区域能量流动图和冬季、夏季的典型日冷热和电负荷曲线图，利用综合能源间的互补特性和梯级利用，配合储能系统，实现负荷平准化，做到搬运峰谷、熨平曲线。

本案例中的特色小镇将紧密围绕"可持续发展的综合能源系统、宜居的能源变革创新试验基地、可复制推广的能源变革示范"三大目标，以清洁为方向、以电为中心、以电网为平台、以电能替代为重点，充分发挥特色小镇特色能源优势，通过"开源"和"节流"提升综合能源系统能效。开源即大力开发可再生能源，通过丰富的利用形式提高能源利用率，维护能源系统可持续发展；节流即协调优化不同能源供应系统的运行特性差异，打破能源壁垒，降低或消除能源供应环节的不确定性，提升可再生能源的安全消纳。通过能源与城市统筹发展，能源开发与生态环境有机协调，最终实现环境友好和能源可持续供应的目标，构建一个清洁高效、安全可靠、灵活应变的综合能源系统。

第九章　高校校园能源规划案例

高校，作为城市文明的高地，承担着科学研究、人才培养、社会服务的职能，在我国碳达峰、碳中和"30·60"目标的实现中责任重大；同时，高校也是能源文明的高地，其创新要素集中、用能形式丰富，是典型的社会用能形态示范的展示高地。据统计，高校能源消费总量约占全国生活消费总能耗的8%，人均能耗达到全国人均生活用能的3倍之多。因此，构建绿色低碳、安全高效的高校综合能源系统，是加快城市能源转型、助力国家"双碳"目标的重要抓手之一。

高校综合能源系统重在校"园"，而非单体建筑。从用能需求讲，高校以电负荷、冷热负荷（含生活热水）为主，学校食堂存在部分燃气负荷；从用能特性讲，部分建筑负荷（如公共教学楼、文体中心等）存在明显的寒暑假特性，宿舍区与教学区负荷存在明显的时空互补特性。因此，规划阶段需要系统性考虑校园整体的资源禀赋与用能特征，不仅要注重校园内部能源资源的跨时间循环利用，同时还要充分挖掘其与周边区域能源系统之间的跨空间资源统筹，实现校园"内循环"与区域"大循环"的协调发展。

一、高校概况

本节选取南方某综合型高校综合能源系统规划案例进行阐述。该高校涵盖本硕博层次，总建筑面积 324 000 m^2，包括本硕博宿舍、食堂、学院楼、图书馆等校园建筑。校区建筑分布示意图如图9-1所示。

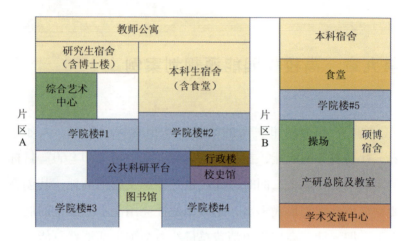

图 9-1 校区建筑分布示意图

二、资源禀赋分析

（一）太阳能资源

校区所在地太阳能资源丰富程度等级属于资源一般区。可以合理利用太阳能光热以满足生活热水需求，结合屋顶或南向墙体安装太阳能光伏板，或采用太阳能光伏进行道路照明。

（二）风能资源

校区所在地平均风速为 3.9 m/s，各月平均风速相差不大，处于我国有效风能分布的第Ⅳ级贫乏区，年风速值较低，不具备大规模开发风能资源的潜力，建议在依据通风模拟的基础上，结合通风廊道实施道路风光互补绿色照明。

（三）地热资源

校区所在地岩土以黏土为主，该黏土特性有利于钻井，属于地埋管铺设较适宜区。从建筑气候区来划分，属于夏热冬冷地区，夏季需要空调，冬季有供暖需求。由于不同类型建筑能耗差异较大，需分别进行分析，确定冷热负荷不平衡率。

(四) 地表水源热能

校区周边水域河道较窄，流速较慢，不适宜作为地表水源热泵冷热源，因此本次规划中将不采用地表水源热泵。

三、负荷预测

(一) 负荷需求分析

校园负荷主要是供电、供暖、空调、生活热水、天然气及其他特殊负荷（如实验蒸汽）。报告对供电、供暖、空调、生活热水及天然气负荷需求预测采用指标法测算，对其他特殊负荷采用项目报备法测算。

按照《工业与民用建筑手册》《实用供热空调设计手册》，以及《民用建筑供暖通风与空气调节设计规范》（GB 50736—2012）《普通高校单位综合能耗、电耗限额及计算方法》（DB32/T 3144—2016）、《城镇给水排水技术规范》（GB 50788—2012）、《高等学校能源消耗限额》（DB11/T 1267—2015）等标准推荐的单位面积负荷指标范围，选取合适数值对选定高校进行负荷预测，具体包括公共科研平台及教学楼、学院楼、宿舍、行政楼、校史馆、图书馆、体育馆、校医院、综合艺术中心、学术交流中心、食堂等建筑。按照负荷同时率为0.7（天然气和热水供应同时率为1）测算校区冷、热、电等负荷，具体见表9-1。其他特殊负荷暂未收到报备，未做测算。

表 9-1 校区能源负荷需求

校区	建筑类别		热负荷/MW	冷负荷/MW	电负荷/MW	热水负荷/MW	天然气指标/(Nm³/d)
片区A	公共科研平台及教学楼		2.93	6.89	3.2	0	0
	学院楼	学院楼#1	1.86	2.8	4.2	0	0
		学院楼#2	2.39	3.6	5.54	0	0
		学院楼#3	4.51	6.8	8.71	0	0
		学院楼#4	3.98	6	8	0	0
	宿舍	本科生宿舍	1.85	4.66	2.96	0.618 2	0
		研究生宿舍（含博士楼）	3.56	10.77	5.26	1.185 5	0
		教师公寓	0.44	1.34	0.62	0.147 2	0
	行政楼		0.35	0.85	0.46	0.064 1	0
	校史馆		0.31	0.75	0.4	0.056 4	0
	综合艺术中心		0.72	1.08	0.68	0	0
	图书馆		1.9	3.92	2.63	0	0
	体育馆（含游泳池）		1.26	1.68	1.26	0	0
	校医院		0.15	0.31	0.17	0.039 7	0
	数据中心（待定）		0	12	11	0	0
	食堂		0.39	0.77	0.71	0	2 550.15
片区B	学院楼#5		2.12	3.2	2.4	0	0
	教室		0.53	0.8	0.6	0	0
	硕博宿舍		2.39	6.15	3.76	0.797 4	0
	学术交流中心		2.4	3.6	4	0.466 7	0
	产研总院		6	9	10	1.166 7	0
	食堂		0.22	0.44	0.4	0	1 449.85
总计（同时率0.7）			28.182	61.187	57.17	4.541 9	4 000

(二) 负荷特性分析

本节选取该高校其他校区的实际负荷数据[①]，进行典型建筑负荷特性分析。

1. 公共教学楼

公共教学楼年最大负荷为 1 000 kW 左右，年最大负荷利用小时数约 1 600 h，负荷季节性特征明显，寒暑假负荷下降明显，全年最大负荷利用小时数不高；日负荷集中在 8—22 点，周末负荷相对工作日负荷稍有下降，但不明显。

2. 科研楼

科研楼年最大负荷为 1 400 kW 左右，年最大负荷利用小时数超过 4 000 h，寒假负荷有明显下降，暑假负荷略有下降，但不明显，季节性特征不是很强；日负荷集中在 9—22 点，周末负荷相对工作日负荷没有明显下降。

3. 宿舍楼

宿舍区年最大负荷为 1 000 kW 左右，年最大负荷利用小时数约 1 600 h，负荷季节性特征较明显，寒暑假负荷有较大的下降，全年最大负荷利用小时数不高。宿舍区日负荷集中在 20 点至第二天 8 点，与教学楼、学院楼存在互补特性。

4. 行政楼

行政楼年最大负荷约 600 kW，年最大负荷利用小时数约 2 000 h，季节性特征较为明显，过渡季用电量明显低于冬夏两季，此外寒暑假负荷会有一定下降。行政楼周负荷规律强，工作日负荷集中在 9—19 点，周末基本无负荷。

---

① 该校区采用分体空调、多联机等以电为主的供冷供热方式，实际负荷数据为综合体用电负荷数据。

5. 校史馆

校史馆全年平均负荷很低，约 170 kW，年最大负荷利用小时数也低，约 1 200 h。校史馆开放时间受校园交流活动影响，开放时间不确定，周负荷规律不强，开馆期间负荷集中在 9—19 点。

6. 大学生活动中心

大学生活动中心年最大负荷约 400 kW，年最大负荷利用小时数约 2 000 h，季节性特征明显，过渡季负荷明显低于冬季和夏季负荷。没有明显的工作日和周末之分。日负荷集中在 12—21 点。

7. 图书馆

图书馆年最大负荷约 1 800 kW，年最大负荷利用小时数超过 3 000 h，季节性特征较为明显，寒假负荷下降明显，暑假负荷有一定下降，但不明显。日负荷集中在 9—21 点，周负荷较为稳定，周末负荷没有明显下降。

8. 体育馆

除个别校园大型活动外，体育馆全年负荷偏低，约 800 kW，年最大负荷利用小时数低，约 1 200 h，没有明显季节性特征。周负荷较为规律，日负荷集中在 16—21 点。

9. 游泳馆

游泳馆季节性特征较为明显，冬季负荷明显上升，但全年负荷偏低，约 250 kW，年最大负荷利用小时数也不高，约 1 800 h。周负荷较为规律，没有明显周末和工作日之分，日负荷集中在 16—21 点。

10. 食堂

食堂负荷有明显寒暑假之分，供暖季相对过渡季负荷有所增加，年最大负荷利用小时数较高，超过3 500 h，负荷较为稳定。周负荷特性规律性强，周末相比工作日有略微下降，日负荷存在两个尖峰，分别集中在9—12点、16—19点。

总体而言，从年最大负荷利用小时数及负荷需求量来看，学院楼、图书馆这两类建筑的负荷稳定性较好且负荷需求大；从互补特性来看，教学楼、学院楼与宿舍楼负荷具有明显互补特性。综上，学院楼组团、图书馆适宜采用集中供暖方式。

四、配置方案

（一）新能源配置

1. 光伏

高校环境下，光伏发电一般与高校建筑物相结合，根据其采用的技术不同，可分为两种形式：一种是在现有建筑上安装的太阳能光伏发电（BAPV），高校中常见的BAPV应用场景有屋顶光伏、遮阳光伏、光伏路灯等；另一种是建筑光伏一体化（BIPV）。

在本案例中，学院楼屋顶安置较多实验设施装备，可用空间不大，因此以满足绿建要求为主，在教学区、图书馆、学术交流中心等公共建筑屋顶铺设光伏。片区B教学区屋顶安装20块单晶硅，总装机7 kW光伏；产研总院屋顶安装60块单晶硅，总装机21 kW。片区A在公共教学楼安装光伏总装机9 kW；图书馆屋顶安装总装机200 kW。

2. 光热

光热在高校的主要利用形式为太阳能热水器。

在本案例中，学生宿舍、教师公寓等对生活热水有较大的需求。以往高校热水系统所采用热源主要以煤炭、煤气、柴油为主，这类热源因污染严重已基本被淘汰。目前，节能型热泵、太阳能热水设备等热水系统已经成为高校优先选用的设备，也可以综合选择太阳能集热管、空气源热泵、污水源热泵及余热回收技术相结合的热水系统，在保证热水产量前提下，可以比传统的电热锅炉、天然气锅炉等设备更经济，能为学校节省一大笔热水开支。

综合考虑安全性、可靠性、舒适性，在教师公寓、研究生宿舍和本科生宿舍屋顶采用"太阳能集热器+空气源热泵耦合"生活热水供应系统。片区B屋顶共铺设287块平板型太阳能集热器，有效集热面积1.92 m^2/块，总集热面积551.04 m^2，供33 t热水。片区A屋顶共铺设512块平板型太阳能集热器，有效集热面积1.92 m^2/块，总集热面积982 m^2，供58 t热水。

3. 风电

市内校园一般处于人口稠密区域，土地资源较为紧张，周边建筑楼宇较多，空气流动受到阻挡，发展风力发电条件比较苛刻。此种情况下，校园高层建筑屋顶空气流动速度较大、遮挡物相对较少，可用风力资源较好，一般宜选择低功率的微型风机作为建筑屋顶风机。市区外高校地处城市边缘，校园面积大，规划合理，土地资源丰富，周围高层建筑物少，空气流通顺畅，具备良好的风力发电开发条件。此类校园在开发风力资源时可以考虑将风机设置在校园边缘闲置地块处，充分利用空地资源，选择一台或多台微型/小型水平轴风机作为电源，或在传统路灯的基础上，在路灯上端设置微型风机、太阳能电池板和储能电池，结合校园内光伏、储能等设施，组成校园新能源微网。

结合前文资源禀赋分析，该校区不具备大规模开发风能资源的潜力。建议在连接校区A、B两片区的接驳路段建设道路风光互补路灯,也可以在校园开阔区域布置低速风机,体现园区资源利用多元化。建议设立小型风机10台,每台发电800 W。

4. 地热

浅层地热能是蕴藏在地壳浅部变温层以下一定深度范围内(一般小于200 m)岩土体和地下水中、受太阳辐射的程度较小、温度相对稳定(一般恒定在10~25 ℃)、具备开发利用价值的低温地热资源,适合于地源热泵、浅层水源热泵、地表水源热泵等方式冷暖双制地热利用,实现节能减排。

在本案例中,根据周边的地源热泵项目经验,从节能、高效、绿色建筑要求等角度考虑,可以在操场和草坪空地处建设地源热泵。根据面积测算,约打孔1 500根,孔深100 m,孔间距5 m,钻孔直径为200 mm,冬季可从地源取热6 MW,夏季取冷6.9 MW。

5. 生物质

厨余垃圾是高校的主要生活垃圾,其含水率较高,因此容易发生腐烂,特别在南方相对湿度高的地方,这些垃圾会容易滋生细菌、有害环境。但同时,厨余垃圾也是可以利用的资源,对餐厨垃圾的合理处理能够使餐厨垃圾变废为宝。

针对校园厨余垃圾处理,有三种方式:第一种是引进厨余垃圾一体化处理设备进行集中处理;第二种是将餐厨垃圾转化成有机肥;第三种是通过区域餐厨废弃物处置项目处理。从校园安全及项目投入产出比角度出发,在本案例中,选择第三种方式,即通过区域餐厨废弃物处置项目处理校园的餐厨垃圾,所有的垃圾运输、处理都交给专业团队去做,不需要学校额外支出,政府会给企业300 元/t 垃圾的补贴。该方式对案例高校来说是最安全、最经济的一种方式。

（二）能源网络配置

1. 供电网络

校园总装机是 91 920 kV·A，总共 19 个供电组团，根据各组团建筑情况及配电指导原则，各组团装机情况如图 9-2、表 9-2、表 9-3 所示。

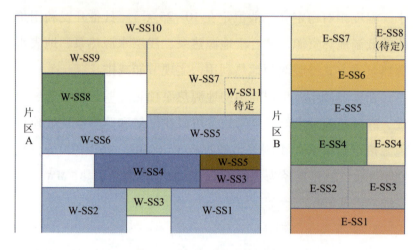

图 9-2　校区组团分布示意图

表 9-2　片区 B 组团装机情况

组团	容量/（kV·A）	组团	容量/（kV·A）
E-SS1	2×2 000	E-SS5	2×1 600
E-SS2	4×1 600	E-SS6	2×1 000
E-SS3	4×1 600	E-SS7	2×2 000
E-SS4	2×630	E-SS8	2×1 250（数据中心待定）

表 9-3　片区 A 组团装机情况

组团	容量/（kV·A）	组团	容量/（kV·A）
W-SS1	2×1 600	W-SS7	2×1 600
W-SS2	2×1 600+2×2 000	W-SS8	2×630
W-SS3	2×2 000+2×2 000	W-SS9	2×1 250
W-SS4	2×1 600	W-SS10	2×2 000
W-SS5	2×2 000+2×2 000	W-SS11	8×2 000（数据中心待定）
W-SS6	2×800+2×2 000		

考虑工期要求，近期，在片区 B 新建 10 kV 开闭所两座，引入 4 回 10 kV 电源供电，开闭所之间通过线路联络构成环网；1 号开闭所供 E-SS5 至 E-SS8，4 个用电组团，合计容量 11 700 kV·A；2 号开闭所供 E-SS1 至 E-SS4，4 个用电组团，合计容量 18 060 kV·A。远期，在片区 A 新建 110 kV 变电站 1 座，引入 2 回 110 kV 线路，新建 2 台 40 MV·A 主变；片区 A 的 11 个用电组团均由 110 kV 变电所供电，片区 B 由 10 kV 供电的 8 个用电组团改接至 110 kV 变电所。

2. 供热网络

目前，南方高校广泛采用多联机、分体空调这类以电为主的分散式供冷供热模式，但该方式的综合能效比不高，制冷制热效果欠佳。在当前"双碳"背景下，创新高校乃至高校所在片区的供冷供热模式是一个值得深入探讨的课题。国际经验表明，去天然气化、可再生能源利用、余热废热回收、双向冷热网络、高效热泵应用等将成为高校乃至区域供暖的发展趋势。通过对比发现，在发展以电为主的热泵供暖方式上，中国相比欧洲具有更加天然的经济性优势。因此，综合考虑国际发展趋势、国内能源价格及设备效率，本案例优先考虑以热泵为主的多栋建筑群集中供冷供热方式，并合理配套冷热网络。

考虑建设工期的要求，片区B采取传统的冷热能源供应模式，即暖通采用"燃气锅炉+冷水机""分体机+多联机"方式，生活热水采用"太阳能集热器+空气源热泵"方式。具体配置方案如下：

学术交流中心：按3~4星酒店标准建设，配置燃气锅炉；冷源是水冷机组（2台2 461.9 kW的水冷离心机组、1台1 230.95 kW的螺杆机组）。

产研总院：冷热供应以"分体机+多联机"为主。

学生宿舍：暖通采用分体空调，博士生宿舍一楼公共区域采用多联机；生活热水采用"太阳能集热器+空气源热泵"。

教学组团：整体采用多联机，局部是单体分体空调。

食堂：采用多联机。

片区A考虑宿舍教师公寓生活使用的灵活性和学院楼、图书馆的人员聚集性，利用分散式和集中式结合的方式。供热分四个方案：分散式供应、分散+小集中供冷供热Ⅰ、分散+小集中供冷供热Ⅱ、分散+大集中供冷供热。配置方案将基于自主研发的综合能源系统规划优化软件得出。该软件可对系统所有可用资源进行优化，给出设备最优配置容量；同时，可以综合评估系统运行性能，给出不同方案的投资与运行成本、碳排放量等，辅助决策者进行能源规划。

方案一：分散式供应

采用传统的冷热能源供应模式，所有设备由分散式空调和多联机组成。学生宿舍：暖通采用分体空调；生活热水采用"太阳能集热器+空气源热泵"。教学组团：整体采用多联机，局部是单体分体空调。食堂：采用多联机。

方案二：分散+小集中供冷供热Ⅰ

分散供应建筑包括学生宿舍、教师公寓、公共科研平台及教学楼、行政楼、校史馆、综合艺术中心、体育馆、校医院、食堂、数据中心；集中供应建筑包括学院楼、图书馆，集中供应面积 162 150 m^2；热负荷需求：5.93 MW，冷负荷需求：9.34 MW，占冷热总需求32%。

配置方案：地源热泵（3 MW 制热、3.6 MW 制冷）、燃气锅炉（3 MW）、冷水机组（5.8 MW）。关于热水负荷，宿舍区采用"太阳能集热器+空气源热泵"；体育馆热水可以采用能源管线集中供应；其他建筑热水需求不多，可以按需安装电热水器。

方案三：分散+小集中供冷供热Ⅱ

分散供应建筑包括学生宿舍、教师公寓、公共科研平台及教学楼、行政楼、校史馆、综合艺术中心、体育馆、校医院、食堂、数据中心；集中供应建筑包括学院楼组团、图书馆，集中供应面积 282 150 m^2；集中区域的热负荷需求：10.49 MW，冷负荷需求：16.12 MW，占冷热总需求50%。

配置方案：地源热泵（制热5.2 MW 制冷6.5 MW）、燃气锅炉（5.3 MW）、冷水机组（9.7 MW），热水负荷供应同方案一。

方案四：分散+大集中供冷供热

分散供应建筑包括学生宿舍、教师公寓、校医院、食堂、数据中心；集中供应建筑包括公共科研平台及教学楼、学院楼组团、行政楼、校史馆、综合艺术中心、图书馆、体育馆，集中供应面积 398 877 m^2。热负荷需求：12.67 MW，冷负荷需

求：20.42 MW，占冷热总需求64%。

配置方案：地源热泵（制热6 MW、制冷6.9 MW），空气源热泵（制热3 MW、制冷3.6 MW），燃气锅炉（3.7 MW）。热水负荷供应同方案一。

综合对比建设成本、用能成本、运维成本及系统碳排，对上述四个方案进行评估，如表9-4所示。从节能低碳的角度出发，建议采用方案四能源站集中暖通供应。

表9-4 片区A供热方案性能评估表

方案性能评估	分散式（方案一）	集中式		
		方案二	方案三	方案四
制冷总量/(MW·h)	21 168	21 168	21 168	21 168
制热总量/(MW·h)	7 975	7 975	7 975	7 975
配置制冷容量/MW	33.26	30.15	27.89	24.52
配置制热容量/MW	20.64	18.67	17.15	15.22
设备投资年化成本/(万元/年)	797.74	720.04	676.60	634.02
能源使用年化成本/(万元/年)	604	515	430	374
其他成本（含人工、运维等）/(万元/年)	269.32	371.44	473.38	572.68
综合年化成本/(万元/年)	1 651.06	1 606.47	1 579.98	1 580.70
系统碳排放量/(t/年)	8 789	7 750	6 675	6 223

（3）供气网络

校区天然气消费以食堂炊具为主，天然气供应以市政天然气供应为主，规划在学术交流中心两个片区的A食堂敷设天然气管道，校园内部管道长度共约2 km。

（三）用能需求优化

1. 建筑

根据《绿色校园评价标准》(GB/T 51356—2019)、《绿色生态城区评价标准》(GB/T 51255—2017)，该校区绿色建筑方案如下：整体实现新建建筑100%国标二星，30%国标三星，其中图书馆、校史馆获国标三星绿色建筑认证。另外，选择校史馆作为近零能耗建筑示范点，增量投资480万，获得LEED铂金认证。

2. 交通

按校区有3 000个停车位、车桩比为10%（国家充电桩发展意见）、快充慢充比为1∶4建设电动汽车充电设施或预留电动汽车充电桩安装条件，预计校区电动汽车充电桩安装数量为300个，其中快充桩60个，慢充桩240个。按照同时率为60%，最大充电负荷预计将达到3.2 MW。充电桩位置主要分布在产研总院、学术交流中心行政办公楼、图书馆、学院楼。

建设光储充一体化停车场，配置8台60 kW充电桩，利用周边临近的屋顶或车棚，建设分布式光伏，配套锂电池、全钒液流电池等储能，可储存低谷电、消纳光伏电。为节约土地利用，可将充电站和能源站进行一体化建设。

选取连接A、B片区的道路，建设一段300 m无人驾驶的接驳观光路线，探索共享电动汽车和电动自行车在校园中的应用，解决学生出行需求。

（四）智慧能源管控

建设高校智慧能源管控平台，旨在通过对校区内能源生产、供应、分配、使用等各环节能源设备的状态特征和运行过程数据进行实时采集，形成逻辑统一、功能互补的综合性管控系统，实现能源设备管理规范高效、能源生产分配经济可靠、能源消费安全便捷，降低校园综合能耗，降低校园后勤保障管理强度，促进校园能源系统运行、管理、服务能力全方位提升。

1. 物理架构

依托布置在办公楼、教学楼、实验室、图书馆、宿舍楼、食堂、体育馆等校园教学、生活场所的各种计量器具，如智能电表、远程水表、热量计、压力/温度传感器等，实时监测校园能耗、能源品质类相关数据等，包括供配网络运行参数，同时还能与各子系统进行数据对接，如空调管理子系统、照明管理子系统等。(图9-3)

现场计量的各类数据，通过通信网络传输至综合能源信息处理中心，进行存储与备份数据管理，再由专用的数据分析服务器根据各功能模块逻辑进行专题分析，配合用户服务器支撑工程师运维、校园师生能源服务、可视化展示等系统各类型用户服务。运行过程中，根据负荷需求与系统状态变化生成优化策略，供各子系统或智能控制终端参考执行。

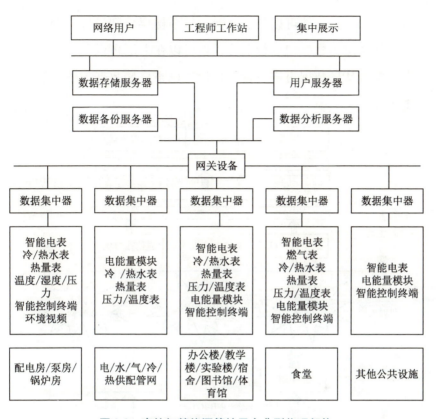

图 9-3 高校智慧能源管控平台典型物理架构

2. 网络架构

校园智慧能源管控平台通信网络采用分级部署方式建设，主要包含现场监测网络与主干通信网络两部分，典型网络架构如图 9-4 所示。

现场监测网络用于底层能源设备数据采集终端与集中器之间的通信。分散布置的各能源设备运行数据由相应的集中器合并打包，再通过主干通信网络与平台主站服务器进行通信，将数据发送至综合能源信息平台主站。若有远程调节控制环节，网络信号传输则为逆过程。集中器一般可视现场条件灵活设置，例如，宿舍楼可以分层设置，每个楼层分别设置一台集中器，按楼层为数据包进行上传，也可以在上层再设置一台集中器，将各楼层数据再进行合并打包，以整栋楼数据为单位进行上传。

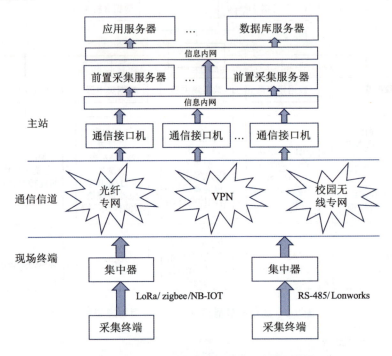

图9-4 高校智慧能源管控平台典型网络架构

主干通信网络可选择网络运营商光纤专网、无线专网、校园网等通信方式。在校园网系统配置较为完善时，应优先考虑采用校园网作为平台通信主干网。

现场监测网络通信方式一般可采用RS-485、M-BUS、Lonworks等有线方式，也可以采用LoRa、Zigbee、NB-IOT等有线方式。

五、特点总结

该项目以"可靠、绿色、双低、超前"为导向，以"绿色用能、智慧节能、创新赋能"为主线，以"新能源微电网""双向低温冷热网""绿色建筑""绿色交通""智慧能源管控平台"等技术为特色，因校制宜，打造具备应用可行性高、数字管理化优、系统运行费低、技术前瞻性强的绿色校园综合能源系统。

　　建设这样一套先进的高校综合能源系统，有以下五方面优势：一是有助于通过用能评比等模式引导师生群体改善用能习惯，传播节能减排先进理念，营造绿色校园良好氛围，为社会培养具有低碳节能意识的高素质人才；二是有助于打造校园能源数据创新基地，利用大数据、区块链等信息化技术，挖掘能源专业数据与校园运行管理数据的内在联系，开展能源数据的高阶应用；三是有助于拓展校园商业运营模式，如引入能源托管、合同能源管理模式，通过节能效益分享、节能量保证、节能费用托管等方式实现投资回收；四是有助于提升国际影响力，通过美国绿色建筑评估体系（LEED）、英国绿色建筑评估体系（BREEM）等国际认证，提升示范引领效果，后续基于相关认证争取更多优惠政策或补贴项目；五是有助于促进产学研一体化发展，一般来说，高校是能源创新产业培育示范的高地，基于高校综合能源系统，可以为新能源、光伏、高效清洁供暖、综合能源服务等国家大力支持的行业奠定产业孵化基础。